プリント形式のリアル過去問で本番の臨場感！

宮城県

聖ウルスラ学院英智 中学校

2025年春受験用 解答集

本書は，実物をなるべくそのままに，プリント形式で年度ごとに収録しています。
問題用紙を教科別に分けて使うことができるので，本番さながらの演習ができます。

■ 収録内容

・解答集(この冊子です)

　　書籍ID番号，この問題集の使い方，最新年度実物データ，リアル過去問の活用，
　　解答例と解説，ご使用にあたってのお願い・ご注意，お問い合わせ

・2024(令和6)年度 ～ 2021(令和3)年度　学力検査問題

・リスニング問題音声《オンラインで聴く》　詳しくは次のページをご覧ください。

○は収録あり	年度	'24	'23	'22	'21
■ 問題(前期)※1		○	○	○	○
■ 解答用紙		○	○	○	○
■ 配点			※2	※3	※4

算数に解説
があります

※1…英語リスニング音声・原稿は全年度収録しています
※2, 3…2023年度と2022年度の配点は総合問題Ⅰと英語のみ公表
※4…2021年度の配点は英語のみ公表
注)問題文等非掲載:2024年度の作文, 2023年度総合問題Ⅰの3

問題文の非掲載につきまして

　著作権上の都合により，本書に収録して
いる過去入試問題の本文の一部を掲載して
おりません。ご不便をおかけし，誠に申し
訳ございません。

JN132507

教英出版

■ 書籍ID番号

リスニング問題の音声は，教英出版ウェブサイトの「ご購入者様のページ」画面で，書籍ID番号を入力してご利用ください。

入試に役立つダウンロード付録や学校情報なども随時更新して掲載しています。

書籍ID番号　**106106**　

（有効期限：2025年9月30日まで）

【入試に役立つダウンロード付録】
「要点のまとめ(国語／算数)」
「課題作文演習」 ほか

【リスニング問題音声】
オンラインで問題の音声を聴くことができます。
有効期限までは無料で何度でも聴くことができます。

■ この問題集の使い方

年度ごとにプリント形式で収録しています。針を外して教科ごとに分けて使用します。①片側，②中央のどちらかでとじてありますので，下図を参考に，問題用紙と解答用紙に分けて準備をしましょう（解答用紙がない場合もあります）。

針を外すときは，けがをしないように十分注意してください。また，針を外すと紛失しやすくなりますので気をつけましょう。

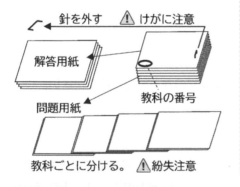 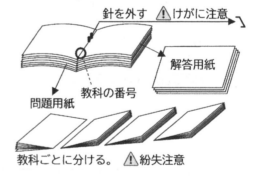

※教科数が上図と異なる場合があります。
解答用紙がない場合や，問題と一体になっている場合があります。
教科の番号は，教科ごとに分けるときの参考にしてください。

■ 最新年度 実物データ

実物をなるべくそのままに編集していますが，収録の都合上，実際の試験問題とは異なる場合があります。実物のサイズ，様式は右表で確認してください。

問題用紙	Ａ４冊子(二つ折り)
解答用紙	Ａ３片面プリント 英：Ａ４片面プリント

リアル過去問の活用

~リアル過去問なら入試本番で力を発揮することができる~

✿ 本番を体験しよう！

問題用紙の形式（縦向き / 横向き），問題の配置や余白など，実物に近い紙面構成なので本番の臨場感が味わえます。まずはパラパラとめくって眺めてみてください。「これが志望校の入試問題なんだ！」と思えば入試に向けて気持ちが高まることでしょう。

✿ 入試を知ろう！

同じ教科の過去数年分の問題紙面を並べて，見比べてみましょう。

① 問題の量

毎年同じ大問数か，年によって違うのか，また全体の問題量はどのくらいか知っておきましょう。どのくらいのスピードで解けば時間内に終わるのか，大問ひとつにかけられる時間を計算してみましょう。

② 出題分野

よく出題されている分野とそうでない分野を見つけましょう。同じような問題が過去にも出題されていることに気がつくはずです。

③ 出題順序

得意な分野が毎年同じ大問番号で出題されていると分かれば，本番で取りこぼさないように先回りして解答することができるでしょう。

④ 解答方法

記述式か選択式か（マークシートか），見ておきましょう。記述式なら，単位まで書く必要があるかどうか，文字数はどのくらいかなど，細かいところまでチェックしておきましょう。計算過程を書く必要があるかどうかも重要です。

⑤ 問題の難易度

必ず正解したい基本問題，条件や指示の読み間違いといったケアレスミスに気をつけたい問題，後回しにしたほうがいい問題などをチェックしておきましょう。

✿ 問題を解こう！

志望校の入試傾向をつかんだら，問題を何度も解いていきましょう。ほかにも問題文の独特な言いまわしや，その学校独自の答え方を発見できることもあるでしょう。オリンピックや環境問題など，話題になった出来事を毎年出題する学校だと分かれば，日頃のニュースの見かたも変わってきます。

こうして志望校の入試傾向を知り対策を立てることこそが，過去問を解く最大の理由なのです。

✿ 実力を知ろう！

過去問を解くにあたって，得点はそれほど重要ではありません。大切なのは，志望校の過去問演習を通して，苦手な教科，苦手な分野を知ることです。苦手な教科，分野が分かったら，教科書や参考書に戻って重点的に学習する時間をつくりましょう。今の自分の実力を知れば，入試本番までの勉強の道すじが見えてきます。

✿ 試験に慣れよう！

入試では時間配分も重要です。本番で時間が足りなくなってあわてないように，リアル過去問で実戦演習をして，時間配分や出題パターンに慣れておきましょう。教科ごとに気持ちを切り替える練習もしておきましょう。

✿ 心を整えよう！

入試は誰でも緊張するものです。入試前日になったら，演習をやり尽くしたリアル過去問の表紙を眺めてみましょう。問題の内容を見る必要はもうありません。どんな形式だったかな？受験番号や氏名はどこに書くのかな？…ほんの少し見ておくだけでも，志望校の入試に向けて心の準備が整うことでしょう。

そして入試本番では，見慣れた問題紙面が緊張した心を落ち着かせてくれるはずです。

※まれに入試形式を変更する学校もありますが，条件はほかの受験生も同じです。心を整えてあせらずに問題に取りかかりましょう。

《総合問題Ⅰ》

1　問１．⑴みなもと　⑵こ　⑶**分担**　⑷**故郷**　　問２．⑴ご覧になる　⑵お会いする〔別解〕お目にかかる
　問３．⑴イ　⑵ア　　問４．⑴イ　⑵エ　⑶オ　　問５．⑴ア　⑵エ　⑶イ

2　問１．⑴ウ　⑵ア　⑶エ　⑷生存権　⑸イ　⑹内閣総理大臣　　問２．⑴三内丸山遺跡　⑵律令　⑶ア　⑷ウ
　⑸イ　　問３．⑴①択捉島　②エ　⑵太平洋ベルト　⑶ウ　⑷イ

3　問１．イ　　問２．ウ　　問３．あ．単純　い．複雑　　問４．ア　　問５．日進月歩　　問６．ＡＩは現在の年
齢や所属などで制限されたツールであるという内容が述べられていることから，自分のＡＩの使い方が正しいのか
を判断する力をつけるべきだと考える。　　問７．給食…カレーライス／すべての票を足すと，ハンバーグが26
票，カレーライスが32票，焼きそばが17票で6年生全体で考えたときに，カレーライスの票が一番多くなるから。

《総合問題Ⅱ》

1　問１．⑴140　⑵1　⑶0.624　⑷$1\frac{27}{28}$　　問２．⑴3　⑵20　⑶365　⑷24　⑸17　⑹午前11時16分　⑺1.29
　問３．正方形の面積は10×10＝100で100㎠である。対角線の長さは2本とも等しいので，（対角線×対角線）÷2
＝100で対角線÷2×対角線÷2＝50となる。対角線÷2は半径に等しいため，半径×半径＝50となり，円の面積
＝半径×半径×円周率であるので，円の面積は50×3.14＝157で157㎠となる。　　答え…157

2　問１．⑴ア．めしべ　イ．おしべ　⑵①花粉　②受粉　⑶①Ａ．接眼レンズ　Ｂ．対物レンズ　②150　⑷イ
　問２．⑴Ａ．球　Ｂ．クレーター　⑵イ　⑶ウ　⑷①満月　②エ　③太陽と月の位置関係が変わるから。

3　問１．⑴ア．11　イ．5　ウ．3　エ．599　⑵18
　問２．⑴10　⑵オ．1　カ．10　⑶910

4　⑴台形〔別解〕等脚台形　⑵右図　⑶英子…136　智志…248

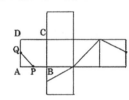

5　⑴ウ　⑵聞こえない　⑶340　⑷2　⑸①4　②3
　⑹音の速さよりも光の速さがはやいから
　⑺①振動数が大きくなると音が高くなる／1オクターブで振動数が2倍変化する　などから1つ　②ア

《英語》

1　⑴×　⑵○　⑶×　⑷○

2　⑴5枚　⑵忙しくて疲れていたから　⑶車の中　⑷ハンバーガー

3　⑴イ　⑵ウ　⑶ウ　⑷エ

4　⑴snowy／windy　⑵dolphin／octopus　⑶dodgeball／tennis

5　⑴ウ　⑵イ　⑶ア　⑷イ

6　⑴I have a bicycle　⑵We don't go camping　⑶I want to ride a horse　⑷What do you do on Saturdays

7　⑴ア．6　イ．太陽　ウ．祭り　エ．歌　⑵traditional colorful costumes　⑶①黄色　②きれいだ〔別解〕美しい

《作文》

〈作文のポイント〉

・最初に自分の主張、立場を明確に決め、その内容に沿って書いていく。

・わかりやすい表現を心がける。自信のない表現や漢字は使わない。

さらにくわしい作文の書き方・作文例はこちら！→https://kyoei-syuppan.net/mobile/files/sakupo.html

《総合問題Ⅱ》

1 問1(1) 与式＝(30－2)×5＝28×5＝140

(2) 与式＝$\frac{7}{4}$＋$\frac{5}{6}$－$\frac{19}{12}$＝$\frac{21}{12}$＋$\frac{10}{12}$－$\frac{19}{12}$＝$\frac{12}{12}$＝1

(4) 与式＝($\frac{7}{12}$＋$\frac{1}{3}$)×$\frac{15}{7}$＝($\frac{7}{12}$＋$\frac{4}{12}$)×$\frac{15}{7}$＝$\frac{11}{12}$×$\frac{15}{7}$＝$\frac{55}{28}$＝$1\frac{27}{28}$

問2(1) 2時間：1時間12分＝(60×2)分：(60＋12)分＝120分：72分＝5：3

(2) 燃えるろうそくの長さは時間に比例するから，このろうそくは8分では35×$\frac{8}{14}$＝20(mm)燃える。

(3) 292ページは全体のページ数の100－20＝80(％)だから，全体のページ数は292÷0.8＝365(ページ)ある。

(4) どのグループの男子の人数も女子の人数も同じにするとき，グループの数は72と96の公約

数となる。グループの数をできるだけ多くするから，最大公約数を求めればよい。最大公約数を

求めるときは，右の筆算のように割り切れる数で次々に割っていき，割った数をすべてかけあわ

せればよい。よって，72と96の最大公約数は，2×2×2×3＝24だから，最大で24グループ

できる。

```
2) 72  96
2) 36  48
2) 18  24
3)  9  12
    3   4
```

(5) 最頻値は現れる回数が最も多い値（あたい）だから，17mである。

(6) 智志さんが休まず歩き続けたとすると，登山口から山頂まで7.2÷2＝3.6(時間)，つまり3.6×60＝216(分)

かかる。216÷80＝2余り56だから，智志さんが休んだのは2回で，合計5×2＝10(分間)である。よって，登山

口を出発してから216＋10＝226(分後)，つまり3時間46分後に山頂に着いたから，このときの時刻は，

午前7時30分＋3時間46分＝午前10時76分＝午前11時(76－60)分＝午前11時16分である。

(7) 容器Aの容積は6×6×6＝216(cm³)，容器Bの底面の半径は6÷2＝3(cm)だから，容器Bの容積は

3×3×3.14×6＝169.56(cm³)である。よって，容器Aから容器Bに水を移したあと，容器Aに残っている水の

量は，216－169.56＝46.44(cm³)となる。容器Aの水が入る部分の底面積は6×6＝36(cm²)だから，容器Aに残っ

ている水の深さは46.44÷36＝1.29(cm)である。

問3 円の直径と正方形の対角線の長さが等しいから，(対角線の長さ)÷2＝(円の半径)となることを利用する。

また，正方形の面積は「(対角線の長さ)×(対角線の長さ)÷2」で求められる。

3 問1(1) ⟨13⟩＝8＋0＋3＝11である。

答えが5になる2けたの整数は，十の位の数と一の位の数の和が5になるから，14，23，32，41，50の5通りある。

《A》＝23となるようなAについて，1つの位では最大で9までの数を表せるので，2つの位では9＋9＝18，3つ

の位では18＋9＝27までの数を表せる。よって，3けたの整数で，各位の数の和が23になるような最小の数を考

えればよい。一の位の数と十の位の数が9のとき，百の位の数は23－9－9＝5で最も小さくなるから，《A》＝

23となる一番小さい数は599である。

(2) (1)より，2つの位で表せる最大の数は18だから，《B》が5，10，15のいずれかとなればよい。

《B》＝5のとき，(1)より5通りある。

《B》＝10のとき，B＝19，28，37，46，55，64，73，82，91の9通りある。

《B》＝15のとき，B＝69，78，87，96の4通りある。

以上より，《B》が5の倍数となるのは全部で5＋9＋4＝18(通り)ある。

問2(1) 《892》＝8＋9＋2＝19だから，《《892》》＝《19》＝1＋9＝10である。

(2) Cは3けたの数だから、《C》は最大で27となるので、1けたまたは、2けたの数である。2けたの数で各位の数の和が1になるような整数は10だけだから、《《C》》＝1のとき、《C》は1または10となる。

(3) 一番大きい数を求めるので、《C》＝10のときを考える。Cは3けたの数だから、百の位の数を最も大きい9とすると、十の位の数を10－9＝1、一の位の数を0とすればよい。よって、最大のCは910である。

4 (1) 切り口の面上にある3点がわかれば、切り口を図示できる。

図3に各頂点の位置をかきこむと、図iのようになる。よって、切り口は3点P、Q、Hを通ることがわかる。

立方体の切り口をかくときは、以下のように考える。

①同一平面上にある切り口の頂点は直線で結ぶ(この問題の場合、2点PとQ、QとHをそれぞれ直線で結ぶ)。

②向かい合う面上の切り口の線は平行になる(PQとFHは平行)。

以上より、切り口は図iiのような四角形PQHFであり、PQとFHは平行だから、切り口の図形は台形である。なお、三角形DQHと三角形BPFは合同だから、QH＝PFより、等脚(とうきゃく)台形と答えてもよい。

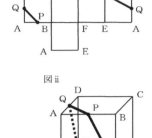

図i

図ii

(2) 図iiを参照しながら図iに直線をかきこむ。面ABFE上でABの真ん中の点(P)とFを、面EFGH上でFとHをそれぞれ直線で結ぶと、解答例のようになる。

(3) AP＝AQ＝8÷2＝4(cm)である。図iiで切断してできた2つの立体のうち、Aをふくむ方が英子さんのケーキ、Aをふくまない方が智志さんのケーキであり、2つの立体それぞれにおいて、表面のチョコレートの面積は、面QHFPを除いたすべての面の面積の和である。

英子さんのケーキのチョコレートの面積は、三角形APQ、三角形EFH、台形AEFP、台形AEHQの面積の和であり、台形AEFPと台形AEHQは合同だから、4×4÷2＋8×8÷2＋(4＋8)×8÷2×2＝136(cm²)である。

智志さんのケーキのチョコレートの面積は、切断する前のケーキの表面積から英子さんのケーキのチョコレートの面積を引いた値だから、8×8×6－136＝248(cm²)である。

2023 解答例
令和5年度

聖ウルスラ学院英智中学校

《総合問題Ⅰ》

1　問１．(1)こころ　(2)じゅうだん　(3)**興味**　(4)**研究**　　問２．(1)いらっしゃる　(2)お送りする

　問３．(1)エ　(2)ア　(3)イ　　問４．(1)ウ　(2)エ　(3)ア　　問５．(1)エ　(2)イ　(3)ウ

2　問１．(1)ユニバーサルデザイン　(2)ウ　(3)①立法　②ア　(4)閣議　(5)エ　　問２．(1)邪馬台国　(2)イ　(3)東大寺

　(4)ウ　(5)楽市・楽座　(6)蘭学　(7)富国強兵　　問３．(1)季節風　(2)奥羽山脈　(3)①ウ　②エ　(4)①信濃川　②イ

3　問１．Ａ．ウ　Ｃ．ア　　問２．めいさん　　問３．効率よく大量の食事を提供することに適している冷凍食品を，
日本中が注目している東京オリンピックの選手村で提供したことで，冷凍食品への理解が深まったから。

　問４．トレーサビリティ　　問５．④→②→③→①　　問６．炭水化物／脂質／タンパク質　　問７．実質事項に
関する決定には常任理事国五か国すべての賛成が必要であり，たとえ非常任理事国も含めた十五か国の過半数が賛
成したとしても，常任理事国が一か国でも反対すれば決議が否決されてしまうため，常任理事国のいずれかの国に
不利益となるような決定はできない仕組みとなっている点。

《総合問題Ⅱ》

1　問１．(1)22　(2)$\frac{3}{5}$　(3)3.14　(4)16　　問２．(1)15　(2)0.012　(3)800　(4)41　(5)315　(6)108　(7)15

　問３．底辺が辺ＡＤで，２つの三角形の高さが等しいので三角形ＡＢＤと三角形ＡＤＣの面積は等しくなる。この
　２つの三角形はどちらも三角形ＡＥＤを共有しているので三角形ＡＢＥと三角形ＤＣＥの面積は等しくなる。

2　問１．(1)ウ　(2)①100　②イ　③ウ　(3)0　(4)①ウ　②ア　　問２．(1)地層　(2)Ｄ　(3)流れる水のはたらき
　(4)①化石　②海の中　(5)断層　(6)地震

3　問１．(1)ア．800　イ．960　ウ．23　エ．31　オ．20　(2)①105　②3500　(3)15　(4)900　　問２．(1)ア
　(2)①ア．125.6　イ．1.2　②大きく　　問３．(1)①当たらない　②水平　③600　(2)細胞　(3)イ　(4)①0.01　②ウ
　③ア，エ

《英　語》

1　(1)×　(2)○　(3)×　(4)○

2　(1)ピザ　(2)英語　(3)赤　(4)かめ

3　(1)エ　(2)ウ　(3)イ　(4)エ

4　(1)thirteen／fifty　(2)spring／winter　(3)circle／triangle

5　(1)ア　(2)イ　(3)ウ　(4)ウ

6　(1)How much is the cake　(2)She is not a scientist　(3)Do you have cats　(4)Two hats are on the table

7　(1)①うさぎ　②にんじん　③キャベツ　(2)ア．4　イ．さる　ウ．ぞう　(3)3850

《作　文》

〈作文のポイント〉

・最初に自分の主張、立場を明確に決め、その内容に沿って書いていく。

・わかりやすい表現を心がける。自信のない表現や漢字は使わない。

　さらにくわしい作文の書き方・作文例はこちら！→https://kyoei-syuppan.net/mobile/files/sakupo.html

《総合問題Ⅱ》

1 問1(1) 与式＝16＋6＝22

(2) 与式＝$\frac{26}{15}×\frac{9}{16}-\frac{3}{28}×\frac{7}{2}=\frac{39}{40}-\frac{3}{8}=\frac{39}{40}-\frac{15}{40}=\frac{24}{40}=\frac{3}{5}$

(3) 与式＝$(10.9-8.9)×1.57=2×1.57=3.14$

(4) 与式＝$6.08÷0.38=16$

問2(1) 与式より，□×14＝172＋38　　□＝210÷14＝15

(2) コピー用紙1枚あたりの厚さは6÷500＝0.012(cm)

(3) この書店で売っている旅行関係の本の冊数は5000×0.16＝800(冊)

(4) 中央値は大きさ順に並べたときのまん中の値である。□冊以外を大きさ順に並べると，26，27，30，31，42，43，47となる。8日間の冊数の中央値は，8÷2＝4より，4番目と5番目の冊数の平均で，中央値36冊より小さい4個の値の間に□が入ることはない。4番目と5番目の冊数の合計は36×2＝72(冊)で，すでにある31と42の合計が72にならないから，□は5番目の冊数だとわかる。よって，□＝72－31＝41(冊)である。

(5) 1L＝1000mL＝1000㎤である。この水そうの容積は50×70×90＝315000(㎤)だから，315000÷1000＝315(L)の水が入る。

(6) 明さんと英子さんの個数の比が3：4で，この比の数の4－3＝1が21個にあたるから，英子さんが持っている個数は，$21×\frac{4}{1}=84$(個)である。よって，智志さんのあめ玉の個数は$84×\frac{9}{7}=108$(個)である。

(7) 右図のように補助線BEを引く。このとき，三角形ABEはAB＝AE＝2cmの二等辺三角形だから，角ABE＝(180°－30°)÷2＝75°より，
角EBC＝90°－75°＝15°
また，AD＝AB＝2cm，角DAE＝90°－30°＝60°より，三角形AEDはAE＝ADの二等辺三角形なので，角AED＝角EDA＝(180°－60°)÷2＝60°だから，三角形AEDは正三角形である。よって，ED＝CD＝2cm，角CDE＝90°－60°＝30°だから，三角形ABEと三角形DCEは合同なので，BE＝CEとなる。よって，三角形EBCはBE＝CEの二等辺三角形だから，角⑦＝角EBC＝15°

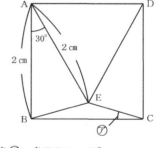

問3 三角形ABEと三角形DCEは底辺も高さも共有していないので，直接面積が等しいことを示すのは難しい。そこで，三角形ABEと三角形AEDの面積の和が，三角形DCEと三角形AEDの面積の和と等しいことを利用すれば，底辺と高さが等しい三角形ABDと三角形ADCで比べることができる(三角形BECを加えて，三角形ABCと三角形DBCで比べてもよい)。

3 問1(1) 値段が8ドルの人形を1ドル100円のときに買うと，日本円では8×100＝800(円)である。また，1ドル120円のときに買うと，日本円では8×120＝960(円)である。

1ドル131円のとき，3000円＝(3000÷131)ドル＝22.9…ドルだから，小数第一位を四捨五入して23ドルになる。30ドル＝(131×30)円＝3930円だから，3000円から3930－3000＝930(円)値上げした金額である。よって，もとのお小遣いの金額より930÷3000×100＝31(%)値上げしている。

1か月を30日間として，1日107円もらうと，1か月で107×30＝3210(円)になる。1ポンド160円だから，3210÷160＝20.0…より，小数第一位を四捨五入して20ポンドになる。

(2)① 英子さんと弟の両替した金額の差は，20−17＝3 (CAD)であり，手元に残った日本円の差は1715−1400＝315(円)だから，3 CAD＝315円となる。よって，1 CAD＝(315÷3)円＝105円である。

② お父さんが英子さんに渡した金額を考えると，20CAD＋1400円＝(20×105＋1400)円＝3500円である。

(3) 5 CAD，10CAD，50CAD，100CAD のお札がそれぞれ1枚ずつあるとき，複数のお札を組み合わせて別のお札1枚と同じ金額を作ることはできない。したがって，それぞれのお札について使うか使わないかの2通りの組み合わせで金額を作ることができる。

4種類のお札の使うか使わないかの組み合わせは全部で，2×2×2×2＝16(通り)である。ただし，この中にはすべて使わない場合の1通りをふくんでいるので，ちょうど支払える金額は，16−1＝15(通り)ある。

(4) 日本とバンクーバーの時差は16時間だから，バンクーバーの現地時刻で8月4日午前10時15分は，24時間表記で考えると日本時間では10時15分＋16時間＝26時15分となる。よって，飛行していた時間は

26時15分−17時55分＝8時間20分＝$8\frac{20}{60}$時間＝$\frac{25}{3}$時間だから，飛行機の速さは，$7500÷\frac{25}{3}＝900$より，

時速900 kmである。

――――――――――《総合問題Ⅰ》――――――――――

1　問1．(1)しゅしょう　(2)りんばん　(3)**誕生日**　(4)**勤める**　　問2．(1)ご案内する　(2)いらっしゃってください
〔別解〕おいでください／おこしください　　問3．(1)イ　(2)ア　(3)オ　　問4．(1)ウ　(2)オ
問5．(1)エ　(2)ア　(3)ウ

2　問1．(1)国民主権　(2)エ　(3)象徴　(4)イ　(5)イ　(6)条例　　問2．(1)行基　(2)①ウ　②奉公　(3)南蛮貿易　(4)鎖国
(5)ア　(6)エ　　問3．(1)イ　(2)①ウ　②イ　(3)大西洋　(4)①ユーラシア大陸　②オーストラリア大陸

3　問1．イ　　問2．**圧巻**　　問3．弥生時代になり，稲作が始まると，人々が稲の栽培に欠かせない土地や用水
をめぐって争うようになったから。　　問4．B．エ　C．イ　　問5．マイナンバー制度　　問6．(1)ウ　(2)ア
問7．日本における狩猟時代として，縄文時代は約1万年続いたと言われる。その後の弥生時代から始まる農耕社
会は，江戸時代末までのおよそ2000年続いた。明治時代になると，日本も工業社会になり，インターネットが登
場する1990年代までのおよそ100年間続いた。現代社会は，インターネットの普及から考えるとおよそ30年がた
っている。このようにある社会から，次の社会に変化するまでの期間がどんどん短くなっているから。

――――――――――《総合問題Ⅱ》――――――――――

1　問1．(1)35　(2)$\frac{3}{32}$　(3)111　(4)$2\frac{1}{4}$　　問2．(1)6　(2)258　(3)78　(4)40　(5)4，48　(6)8　(7)72.96
問3．式と説明…6つの三角形の角の和から，真ん中の一周360°を引いて求める。180×6－360＝720
角の和…720

2　問1．(1)①A　②イ　(2)①6　②25　(3)①C　②a．ア　b．エ　　問2．(1)①A，B　②A，D　③A，F
(2)A，D，E　(3)ウ　(4)デンプン

3　問1．(1)49，67　(2)①6　②36　(3)16　(4)ア．道のり　イ．速さ　ウ．時間（イとウは順不同）エ．20　オ．8
(5)36　(6)12.2　　問2．(1)しょくもつれんさ
(2)①ラッコ　②エ　③右図
④大型の海藻／植物プランクトン
(3)ぜつめつきぐしゅ　(4)①16　②64　③イ

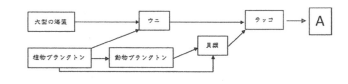

――――――――――《英　語》――――――――――

1　(1)○　(2)○　(3)×　(4)×
2　(1)宿題　(2)6　(3)図工〔別解〕図画工作　(4)図書館
3　(1)ア　(2)エ　(3)ウ　(4)イ
4　(1)France／Egypt　(2)pineapple／lemon　(3)vet／carpenter
5　(1)ウ　(2)イ　(3)ア　(4)イ
6　(1)He is very kind　(2)I don't have a smartphone　(3)Where do you live　(4)I want a watch for my birthday
7　(1)ア．1　イ．2　ウ．15　エ．花火　(2)on the streets and in the buildings　(3)①赤　②幸運

（例文）

　私は、何かを決める時に、おたがいにとっての時間の意味を理解し合うことが大切だと考える。

　私と友だちのAさんは、毎年いっしょに地域のお祭りに行っていた。一昨年は中止になり、昨年は二年ぶりに行われた。昨年も、Aさんはお祭りにいっしょに行こうと言ってくれた。しかし私は、じゅくがあるので行けないと断った。Aさんは、その日だけ何とかならないかと何度も言ったが、今は受験のほうが大事だからと断ってしまった。私は、入試までの時間を引き算していた。

　その一か月後、Aさんは転校してしまった。私は、Aさんといっしょにお祭りに行けばよかったと後かいした。Aさんにとっては最後のお祭りで、Aさんも転校までの時間を引き算していたのだ。私は、お祭りは来年もあるから、今年はじゅくを優先しようと考えた。しかし、私にとっても、Aさんと行ける最後のお祭りだったのだ。

　Aさんの転校を知っていたら、私はお祭りに行っていたと思う。さそってくれた時に、Aさんの事情をもっと聞けばよかった。この経験から、おたがいにとっての時間の意味を理解し合うことが大切だと考えた。

1 問1(1) 与式＝17＋18＝35

(2) 与式＝$\frac{15}{8}×(\frac{6}{20}-\frac{5}{20})=\frac{15}{8}×\frac{1}{20}=\frac{3}{32}$

(3) 与式＝3.7×(26.3＋3.7)＝3.7×30＝111

(4) 与式＝$\frac{39}{10}÷(\frac{7}{15}+\frac{2}{5})÷2=\frac{39}{10}÷(\frac{7}{15}+\frac{6}{15})÷2=\frac{39}{10}÷\frac{13}{15}÷2=\frac{39}{10}×\frac{15}{13}×\frac{1}{2}=\frac{9}{4}=2\frac{1}{4}$

問2(1) 与式より，□×5－3＝27　　□×5＝27＋3　　□＝30÷5＝6

(2) 今年使った灯油は，215Lの120％＝$\frac{120}{100}=\frac{6}{5}$なので，215×$\frac{6}{5}$＝258(L)

(3) 5回のテストの合計は，75×5＝375(点)，1回めから3回めまでの合計は，73×3＝219(点)

よって，4回めと5回めの合計は375－219＝156(点)だから，平均は，156÷2＝78(点)

(4) さとしさんが妹にクッキーを4個あげたあとの2人のクッキーの個数の差は，4＋4＝8(個)である。

よって，比の数の差である3－2＝1が8個にあたるので，作ったクッキーの個数は，8×(2＋3)＝40(個)

(5) ろうそくは1分で15÷3＝5(mm)燃える。2.4cm＝24mmなので，ろうそくは，24÷5＝4.8(分)，つまり，

4分(60×0.8)秒＝4分48秒で燃えつきる。

(6) 一の位の数だけを考えればいいので，2を何回かかけあわせていくとき，計算結果の一の位だけに2をかけ

ることをくり返し，一の位の数の変化を調べる。

一の位の数は，<u>2</u>→2×2＝<u>4</u>→4×2＝<u>8</u>→8×2＝1<u>6</u>→6×2＝1<u>2</u>→…，と変化するので，2，4，8，6

という4つの数がくり返される。2023回かけると，2023÷4＝505余り3より，2，4，8，6がちょうど505回

くり返されたあと，2，4，8と変化するので，一の位の数は8である。

(7) 頂点が円周上にある正方形の対角線の長さは，円の直径に等しく，8×2＝16(cm)

正方形(ひし形)の面積は，(対角線)×(対角線)÷2で求められるから，16×16÷2＝128(cm²)

円の面積は8×8×3.14＝200.96(cm²)だから，求める面積は，200.96－128＝72.96(cm²)

問3 三角形の内角の和は180°であることを利用する。三角形の内角の和6個分だと，印がついていない角の

大きさも足していることになるので，その分の角の大きさをひくことに気づきたい。

3 問1(1) 文中の3割の3は，2.5以上で3.5より小さい数を四捨五入した値である。

193×0.25＝48.25，193×0.35＝67.55より，求める枚数は，49枚以上67枚以下である。

(2)① (A，B，C)のぬり方は，(赤，黄，青)(赤，青，黄)(黄，赤，青)(黄，青，赤)(青，赤，黄)(青，黄，赤)

の6通りある。

② 2色を選んだ場合について考える。同じ色を並べてぬることはできないので，AとCに同じ色，Bに違う色

がぬられる。AとCのぬり方は，赤，黄，青，白の4通りある。その4通りに対して，Bのぬり方がAでぬった色

を除く3通りある。よって，ぬり方は全部で，4×3＝12(通り)

3色を選んだ場合について考える。①をふまえると，3色の使う色を決めると，そのぬり方は6通りあるから，3

色の使う色の組み合わせは何通りあるかを考えればよい。4色のうち使う3色を決めるのは使わない1色を決める

ことと同じだから，その決め方は4通りある。よって，ぬり方は全部で，6×4＝24(通り)

したがって，2色または3色を選んで3か所にぬるときのぬり方は，12＋24＝36(通り)

(3) 布の縦と横をそのままにした場合，$250 \div 40 = 6$ 余り 10，$160 \div 60 = 2$ 余り 40 より，縦に 6 枚，横に 2 枚切れるから，旗は全部で $6 \times 2 = 12$ (枚) 切り取ることができる。

布の縦と横を変えた場合，$160 \div 40 = 4$，$250 \div 60 = 4$ 余り 10 より，縦と横ともに 4 枚切れるから，旗は全部で $4 \times 4 = 16$ (枚) 切り取ることができる。よって，最大で 16 枚切り取ることができる。

(4) $(_{ア}\underline{道のり}) = (_{イ}\underline{速さ}) \times (_{ウ}\underline{時間})$ を覚えておけば，そこから変形して，$(速さ) = \dfrac{(道のり)}{(時間)}$，$(時間) = \dfrac{(道のり)}{(速さ)}$ もわかる。

スタートから 4 秒までで，平均の速さは秒速 5 m だから，道のりは，$5 \times 4 = _{エ}\underline{20}$ (m)

残りの道のりは，$100 - 20 = 80$ (m) だから，秒速 10 m で $\dfrac{80}{10} = _{オ}\underline{8}$ (秒間) 走った。

(5) 1 時間 $= 60$ 分 $= (60 \times 60)$ 秒 $= 3600$ 秒で，$100 \times \dfrac{3600}{10} = 36000$ (m)，つまり，36 km 走るから，時速 36 km である。

(6) 面積が 100 cm² となるのが何秒後なのかを考える。

半径 10 cm の $\dfrac{1}{4}$ 円の面積は，$10 \times 10 \times 3.14 \times \dfrac{1}{4} = 25 \times 3.14 = 78.5$ (cm²)

縦の長さが 10 cm で面積が $100 - 78.5 = 21.5$ (cm²) の長方形の横の長さは，$21.5 \div 10 = 2.15$ (cm)

$10 + 2.15 = 12.15$ より，100 m 走の記録は，12.2 秒である。

《総合問題Ⅰ》

1 　問1．(1)そそぐ　(2)がてん〔別解〕がってん　(3)往復　(4)退く　　問2．(1)くださる　(2)拝見した　　問3．(1)ウ
　(2)ア　(3)イ　　問4．(1)エ　(2)イ　(3)ア　　問5．(1)ア　(2)ウ　(3)エ　　問6．(1)大変　(2)自分が自由　(3)イ

2 　問1．(1)法律　(2)三権分立　(3)ウ　(4)ア，オ　(5)三審制　(6)象徴　　問2．(1)租　(2)ウ　(3)寝殿造
　(4)イ→エ→ウ→ア　(5)太閤検地　(6)エ　　問3．(1)ユーラシア　(2)①ア　②カ　③ウ　④エ　(3)近畿地方
　(4)日本アルプス　(5)①和歌山　②静岡　③鹿児島

3 　問1．国　　問2．日本は遣唐使を送り，唐の進んだ制度や文化を取り入れて，唐にならった中央集権の国をめざ
　していたから。　　問3．織田信長　　問4．イ　　問5．(1)(例文)すべての人が道路を利用するので，道路の建
　設費や整備費を国民全員で公平に負担しなければならないから。　　(2)すべての消費者が平等に負担する消費税では，
　所得の低い人ほど税負担の割合が高くなってしまう点。　　(3)軽減税率

《総合問題Ⅱ》

1 　問1．(1)9　(2)36.19　(3)$2\frac{1}{2}$　(4)$3\frac{13}{35}$　　問2．(1)3　(2)10.5　(3)120　(4)208　(5)9.6　(6)45　(7)88
　問3．円の$\frac{1}{4}$の面積は$5 \times 5 \times 3.14 \times \frac{1}{4} = 19.625$(㎠)である。直角二等辺三角形の面積は$5 \times 5 \times \frac{1}{2} = 12.5$(㎠)
　であるから，$19.625 - 12.5 = 7.125$(㎠)　　この2つ分の面積であるから$7.125 \times 2 = 14.25$(㎠)

2 　問1．(1)輪切り…イ　たてに切ったもの…ク　(2)水面からの蒸発を防ぐため。
　(3)穴の名称…気孔　はたらき…蒸散　(4)4.7　(5)エ　(6)ヨウ素液　(7)右図
　問2．(1)a．8　b．9　(2)アメダス　(3)ウ　(4)①イ　②ア

白色の部分　緑色の部分

3 　問1．(1)240　(2)およそ300　(3)23540　(4)4：5　(5)①9　②28.25
　問2．(1)①➡…二酸化炭素　⇨…酸素　②4　③えら　④オ　⑤A．拍動　理由…全身にすばやく酸素を届けるため。
　(2)アレルギー　(3)①Aの反対にはTが，Gの反対にはCがくるというきまり。　②T．480　G．120　C．120

《英　語》

1 　(1)×　(2)○　(3)○　(4)×

2 　(1)8，30　(2)12　(3)バスの運転手　(4)(大きな)病院

3 　(1)ウ　(2)ウ　(3)ア　(4)イ

4 　(1)pizza／chocolate　(2)taxi／bus　(3)math／science

5 　(1)ウ　(2)ウ　(3)ア　(4)イ

6 　(1)I am very hungry　(2)My father is a police officer　(3)Do you like school　(4)We have a park in our town

7 　(1)①a．7　b．3　c．6　d．3　②りんご　(2)54

《作　文》

〈作文のポイント〉
　・最初に自分の主張、立場を明確に決め、その内容に沿って書いていく。
　・わかりやすい表現を心がける。自信のない表現や漢字は使わない。
　　さらにくわしい作文の書き方・作文例はこちら！→

https://kyoei-syuppan.net/mobile/files/sakupo.html

《総合問題Ⅱ》

1 問1(1) 与式＝12－3＝9

(3) 与式＝$3\frac{5}{6}-(1\frac{9}{12}-\frac{5}{12})=3\frac{5}{6}-1\frac{4}{12}=3\frac{5}{6}-1\frac{2}{6}=2\frac{3}{6}=2\frac{1}{2}$

(4) 与式＝$(3\frac{5}{20}-\frac{4}{20})÷\frac{21}{8}×6-\frac{36}{10}=3\frac{1}{20}×\frac{8}{21}×6-\frac{18}{5}=\frac{61}{20}×\frac{8}{21}×6-\frac{18}{5}=\frac{244}{35}-\frac{126}{35}=\frac{118}{35}=3\frac{13}{35}$

問2(1) 与式より，□×13＝5＋34   □×13＝39   □＝39÷13＝3

(2) 上から4けた目を四捨五入するので，そこまでの商を求めると，右の筆算のようになる。
よって，上から3けたのがい数にすると，10.5になる。

```
          1 0.4 9
3,4)3 5 6.7
      3 4
      1 6 7
      1 3 6
        3 1 0
        3 0 6
            4
```

(3) できる立方体の1辺の長さは10，15，12の公倍数であり，一番小さい立
方体を作るのだから，10，15，12の最小公倍数を求める。3つ以上の数の最
小公倍数を求めるときは，右のような筆算を利用する。3つの数のうち2つ

```
2) 10  15  12
3)  5  15   6
5)  5   5   2
    1   1   2
```

以上を割り切れる素数で次々に割っていき(割れない数はそのまま下におろす)，割った数と割られた結果残った
数をすべてかけあわせれば，最小公倍数となる。したがって，10，15，12の最小公倍数は，2×3×5×2＝60
これより，箱は縦に60÷10＝6(個)，横に60÷15＝4(個)，高さにそって60÷12＝5(個)並べるから，全部で，
6×4×5＝120(個)必要である。

(4) 今週の値段は先週の$1+\frac{30}{100}=\frac{13}{10}$(倍)で，タイムセールによってさらに$1-\frac{2}{10}=\frac{4}{5}$(倍)になったから，
求める値段は，$200×\frac{13}{10}×\frac{4}{5}=208$(円)

(5) 時速4kmで20－5＝15(分)，つまり$\frac{15}{60}=\frac{1}{4}$(時間)歩くことで，$4×\frac{1}{4}=1$(km)進んだから，残り1.8－1＝
$\frac{4}{5}$(km)を5分＝$\frac{5}{60}$時間＝$\frac{1}{12}$時間で走ったことになる。よって，走ったときの速さは，時速$(\frac{4}{5}÷\frac{1}{12})$km＝時速9.6km

(6) 2：3と3：5の比の下線部の数はあきらくんのリボンの長さを表すから，それをそろえる。2と3の最小
公倍数は6だから，2：3＝6：9，3：5＝6：10とそろえると，あきらくん，さとしくん，えいじくんのリ
ボンの長さの比は，6：9：10とわかる。この比の数の10－9＝1が1.8mにあたり，全体の長さは比の数の
6＋9＋10＝25にあたるので，全体の長さは，$1.8×\frac{25}{1}=45$(m)

(7) 国語，社会，算数，理科の得点をそれぞれ，国，社，算，理と表す。
国＋社＝85×2＝170(点)…①，社＋算＋理＝80×3＝240(点)…②，国＋算＋理＝82×3＝246(点)…③
①＋②＋③から，国×2＋社×2＋算×2＋理×2＝(国＋社＋算＋理)×2が，170＋240＋246＝656(点)とわか
る。したがって，国＋社＋算＋理＝656÷2＝328(点)…④   ④－②より，国＝328－240＝88(点)

問3 解答例は色つき部分を右図のように半分に分けて，おうぎ形BCAの面積から，
直角二等辺三角形BCAの面積を引いたあとに2をかけている。

別の解き方として，おうぎ形BCAとおうぎ形DACの面積の和から，正方形ABCDの
面積を引く方法も考えられ，式にすると，

$5×5×3.14×\frac{1}{4}×2-5×5=\frac{25}{2}×3.14-25=39.25-25=14.25$(cm²)

3 問1(1) 0.8m＝(0.8×100)cm＝80cmだから，水そうの容積は，50×80×60＝240000(cm³)

1Lとは1辺が10cmの立方体の容積のことだから，1L＝10cm×10cm×10cm＝1000cm³

よって，240000cm³＝$\frac{240000}{1000}$L＝240L

(2) 1m³＝1m×1m×1m＝100cm×100cm×100cm＝1000000cm³だから，80m³＝(80×1000000)cm³＝80000000cm³＝
$\frac{80000000}{1000}$L＝80000L   80000÷240＝333余り80だから，上1けたのがい数にすると，300倍になる。

(3)　水道管の太さ 25 mm の基本料金は 3800 円，使用量の 100 ㎥ は 20 ㎥＋20 ㎥＋60 ㎥ と考えることができるから，水道料金は，3800＋80×20＋185×20＋205×60＝21400（円）である。これに 10％の消費税が加わって，$21400 \times \left(1 + \frac{10}{100}\right) = 23540$（円）が請求される。

(4)　円周の長さは直径に比例するから，円周の長さの比は直径の比と等しいので，求める比は，20：25＝4：5

(5)①　7200mL＝$\frac{7200}{1000}$L＝7.2L だから，5 分で入る水は，7.2×5＝36（L）である。これは浴そうの容積の$\frac{36}{240} = \frac{3}{20}$にあたるから，水の深さも浴そうの深さの$\frac{3}{20}$になるので，60×$\frac{3}{20}$＝9（cm）になる。

②　水を 5 分入れたあとおもりを入れずに水をさらに 10 分入れた場合，水の深さは①のときの$\frac{5+10}{5} = 3$（倍）の，9×3＝27（cm）になる。ここにおもりを 2 つ入れたと考えればよい。おもりは完全に水の中に入るから，おもりの体積と同じ体積の水が入ったと考える。おもり 2 つの体積は，(25×10×10)×2＝5000（㎤）で，浴そうの底面積は，80×50＝4000（㎤）だから，水の深さは 5000÷4000＝1.25（cm）増える。

よって，求める深さは，27＋1.25＝28.25（cm）

■ ご使用にあたってのお願い・ご注意

（1）問題文等の非掲載

著作権上の都合により，問題文や図表などの一部を掲載できない場合があります。

誠に申し訳ございませんが，ご了承くださいますようお願いいたします。

（2）過去問における時事性

過去問題集は，学習指導要領の改訂や社会状況の変化，新たな発見などにより，現在とは異なる表記や解説になっている場合があります。過去問の特性上，出題当時のままで出版していますので，あらかじめご了承ください。

（3）配点

学校等から配点が公表されている場合は，記載しています。公表されていない場合は，記載していません。

独自の予想配点は，出題者の意図と異なる場合があり，お客様が学習するうえで誤った判断をしてしまう恐れがあるため記載していません。

（4）無断複製等の禁止

購入された個人のお客様が，ご家庭でご自身またはご家族の学習のためにコピーをすることは可能ですが，それ以外の目的でコピー，スキャン，転載（ブログ，ＳＮＳなどでの公開を含みます）などをすることは法律により禁止されています。学校や学習塾などで，児童生徒のためにコピーをして使用することも法律により禁止されています。

ご不明な点や，違法な疑いのある行為を確認された場合は，弊社までご連絡ください。

（5）けがに注意

この問題集は針を外して使用します。針を外すときは，けがをしないように注意してください。また，表紙カバーや問題用紙の端で手指を傷つけないように十分注意してください。

（6）正誤

制作には万全を期しておりますが，万が一誤りなどがございましたら，弊社までご連絡ください。

なお，誤りが判明した場合は，弊社ウェブサイトの「ご購入者様のページ」に掲載しておりますので，そちらもご確認ください。

■ お問い合わせ

解答例，解説，印刷，製本など，問題集発行におけるすべての責任は弊社にあります。

ご不明な点がございましたら，弊社ウェブサイトの「お問い合わせ」フォームよりご連絡ください。迅速に対応いたしますが，営業日の都合で回答に数日を要する場合があります。

ご入力いただいたメールアドレス宛に自動返信メールをお送りしています。自動返信メールが届かない場合は，「よくある質問」の「メールの問い合わせに対し返信がありません。」の項目をご確認ください。

また弊社営業日（平日）は，午前９時から午後５時まで，電話でのお問い合わせも受け付けています。

2025 春

株式会社教英出版

〒422-8054　静岡県静岡市駿河区南安倍３丁目 12-28

TEL　054-288-2131　　FAX　054-288-2133

URL　https://kyoei-syuppan.net/

MAIL　siteform@kyoei-syuppan.net

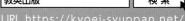

教英出版 2025年春受験用 中学入試問題集

学校別問題集
★はカラー問題対応

北 海 道
① [市立]札幌開成中等教育学校
② 藤 女 子 中 学 校
③ 北 嶺 中 学 校
④ 北 星 学 園 女 子 中 学 校
⑤ 札 幌 大 谷 中 学 校
⑥ 札 幌 光 星 中 学 校
⑦ 立 命 館 慶 祥 中 学 校
⑧ 函館 ラ・サール 中 学 校

青 森 県
① [県立]三本木高等学校附属中学校

岩 手 県
① [県立]一関第一高等学校附属中学校

宮 城 県
① [県立]宮城県古川黎明中学校
② [県立]宮城県仙台二華中学校
③ [市立]仙台青陵中等教育学校
④ 東 北 学 院 中 学 校
⑤ 仙 台 白 百 合 学 園 中 学 校
⑥ 聖ウルスラ学院英智中学校
⑦ 宮 城 学 院 中 学 校
⑧ 秀 光 中 学 校
⑨ 古 川 学 園 中 学 校

秋 田 県
① [県立] 大館国際情報学院中学校 / 秋田南高等学校中等部 / 横手清陵学院中学校

山 形 県
① [県立] 東桜学館中学校 / 致道館中学校

福 島 県
① [県立] 会津学鳳中学校 / ふたば未来学園中学校

茨 城 県
① [県立] 日立第一高等学校附属中学校 / 太田第一高等学校附属中学校 / 水戸第一高等学校附属中学校 / 鉾田第一高等学校附属中学校 / 鹿島高等学校附属中学校 / 土浦第一高等学校附属中学校 / 竜ヶ崎第一高等学校附属中学校 / 下館第一高等学校附属中学校 / 下妻第一高等学校附属中学校 / 水海道第一高等学校附属中学校 / 勝田中等教育学校 / 並木中等教育学校 / 古河中等教育学校

栃 木 県
① [県立] 宇都宮東高等学校附属中学校 / 佐野高等学校附属中学校 / 矢板東高等学校附属中学校

群 馬 県
① [県立]中央中等教育学校 / [市立]四ツ葉学園中等教育学校 / [市立]太田中学校

埼 玉 県
① [県立]伊 奈 学 園 中 学 校
② [市立]浦 和 中 学 校
③ [市立]大宮国際中等教育学校
④ [市立]川口市立高等学校附属中学校

千 葉 県
① [県立] 千 葉 中 学 校 / 東 葛 飾 中 学 校
② [市立]稲毛国際中等教育学校

東 京 都
① [国立]筑波大学附属駒場中学校
② [都立]白鷗高等学校附属中学校
③ [都立]桜修館中等教育学校
④ [都立]小石川中等教育学校
⑤ [都立]両国高等学校附属中学校
⑥ [都立]立川国際中等教育学校
⑦ [都立]武蔵高等学校附属中学校
⑧ [都立]大泉高等学校附属中学校
⑨ [都立]富士高等学校附属中学校
⑩ [都立]三 鷹 中 等 教 育 学 校
⑪ [都立]南多摩中等教育学校
⑫ [区立]九 段 中 等 教 育 学 校
⑬ 開 成 中 学 校
⑭ 麻 布 中 学 校
⑮ 桜 蔭 中 学 校
⑯ 女 子 学 院 中 学 校
★⑰ 豊 島 岡 女 子 学 園 中 学 校
⑱ 東京都市大学等々力中学校
⑲ 世 田 谷 学 園 中 学 校
★⑳ 広尾学園中学校(第2回)
★㉑ 広尾学園中学校(医進・サイエンス回)
㉒ 渋谷教育学園渋谷中学校(第1回)
㉓ 渋谷教育学園渋谷中学校(第2回)
㉔ 東京農業大学第一高等学校中等部
(2月1日 午後)
㉕ 東京農業大学第一高等学校中等部
(2月2日 午後)

福 岡 県

① [国立] 福岡教育大学附属中学校
　　　　（福岡・小倉・久留米）

② [県立]
　　　育 徳 館 中 学 校
　　　門 司 学 園 中 学 校
　　　宗 像 中 学 校
　　　嘉穂高等学校附属中学校
　　　輝翔館中等教育学校

③ 西 南 学 院 中 学 校
④ 上 智 福 岡 中 学 校
⑤ 福 岡 女 学 院 中 学 校
⑥ 福 岡 雙 葉 中 学 校
⑦ 照 曜 館 中 学 校
⑧ 筑 紫 女 学 園 中 学 校
⑨ 敬 愛 中 学 校
⑩ 久 留 米 大 学 附 設 中 学 校
⑪ 飯 塚 日 新 館 中 学 校
⑫ 明 治 学 園 中 学 校
⑬ 小 倉 日 新 館 中 学 校
⑭ 久 留 米 信 愛 中 学 校
⑮ 中 村 学 園 女 子 中 学 校
⑯ 福 岡 大 学 附 属 大 濠 中 学 校
⑰ 筑 陽 学 園 中 学 校
⑱ 九 州 国 際 大 学 付 属 中 学 校
⑲ 博 多 女 子 中 学 校
⑳ 東 福 岡 自 彊 館 中 学 校
㉑ 八 女 学 院 中 学 校

佐 賀 県

① [県立]
　　　香 楠 中 学 校
　　　致 遠 館 中 学 校
　　　唐 津 東 中 学 校
　　　武 雄 青 陵 中 学 校

② 弘 学 館 中 学 校
③ 東 明 館 中 学 校
④ 佐 賀 清 和 中 学 校
⑤ 成 穎 中 学 校
⑥ 早 稲 田 佐 賀 中 学 校

長 崎 県

① [県立]
　　　長 崎 東 中 学 校
　　　佐 世 保 北 中 学 校
　　　諫早高等学校附属中学校

② 青 雲 中 学 校
③ 長 崎 南 山 中 学 校
④ 長 崎 日 本 大 学 中 学 校
⑤ 海 星 中 学 校

熊 本 県

① [県立]
　　　玉名高等学校附属中学校
　　　宇 土 中 学 校
　　　八 代 中 学 校

② 真 和 中 学 校
③ 九 州 学 院 中 学 校
④ ル ー テ ル 学 院 中 学 校
⑤ 熊 本 信 愛 女 学 院 中 学 校
⑥ 熊 本 マ リ ス ト 学 園 中 学 校
⑦ 熊 本 学 園 大 学 付 属 中 学 校

大 分 県

① [県立] 大 分 豊 府 中 学 校
② 岩 田 中 学 校

宮 崎 県

① [県立] 五 ヶ 瀬 中 等 教 育 学 校

② [県立]
　　　宮崎西高等学校附属中学校
　　　都城泉ヶ丘高等学校附属中学校

③ 宮 崎 日 本 大 学 中 学 校
④ 日 向 学 院 中 学 校
⑤ 宮 崎 第 一 中 学 校

鹿 児 島 県

① [県立] 楠 隼 中 学 校
② [市立] 鹿 児 島 玉 龍 中 学 校
③ 鹿 児 島 修 学 館 中 学 校
④ ラ ・ サ ー ル 中 学 校
⑤ 志 學 館 中 等 部

沖 縄 県

① [県立]
　　　与 勝 緑 が 丘 中 学 校
　　　開 邦 中 学 校
　　　球 陽 中 学 校
　　　名護高等学校附属桜中学校

もっと過去問シリーズ

北 海 道

北嶺中学校
　7年分(算数・理科・社会)

静 岡 県

静岡大学教育学部附属中学校
（静岡・島田・浜松）
　10年分(算数)

愛 知 県

愛知淑徳中学校
　7年分(算数・理科・社会)
東海中学校
　7年分(算数・理科・社会)
南山中学校男子部
　7年分(算数・理科・社会)

南山中学校女子部
　7年分(算数・理科・社会)
滝中学校
　7年分(算数・理科・社会)
名古屋中学校
　7年分(算数・理科・社会)

岡 山 県

岡山白陵中学校
　7年分(算数・理科)

広 島 県

広島大学附属中学校
　7年分(算数・理科・社会)
広島大学附属福山中学校
　7年分(算数・理科・社会)
広島学院中学校
　7年分(算数・理科・社会)
広島女学院中学校
　7年分(算数・理科・社会)
修道中学校
　7年分(算数・理科・社会)
ノートルダム清心中学校
　7年分(算数・理科・社会)

愛 媛 県

愛光中学校
　7年分(算数・理科・社会)

福 岡 県

福岡教育大学附属中学校
（福岡・小倉・久留米）
　7年分(算数・理科・社会)
西南学院中学校
　7年分(算数・理科・社会)
久留米大学附設中学校
　7年分(算数・理科・社会)
福岡大学附属大濠中学校
　7年分(算数・理科・社会)

佐 賀 県

早稲田佐賀中学校
　7年分(算数・理科・社会)

長 崎 県

青雲中学校
　7年分(算数・理科・社会)

鹿 児 島 県

ラ・サール中学校
　7年分(算数・理科・社会)

※もっと過去問シリーズは
　国語の収録はありません。

K 教英出版

〒422-8054
静岡県静岡市駿河区南安倍3丁目12-28
TEL 054-288-2131
FAX 054-288-2133

詳しくは教英出版で検索
教英出版　[検索]
URL https://kyoei-syuppan.net/

2024 年度　聖ウルスラ学院英智小・中学校

中学校課程　前期入学選抜考査　総合問題Ⅰ

問 題 用 紙

注　意

1　指示があるまで，この「問題用紙」を開いてはいけません。

2　この「問題用紙」には，表紙に続き，1 ページから 12 ページまで「問題」があります。「解答用紙」は 1 枚です。

3　「始め」の指示で，「解答用紙」に受験番号を書き，その後，「問題」に取り組みなさい。試験の時間は 60 分です。

4　解答はすべて「解答用紙」に書きなさい。「問題用紙」の空いているところは，自由に使ってかまいません。

1 次の問1〜問5に答えなさい。

問1 次の (1)，(2)の——線部の漢字をひらがなに，(3)，(4)の——線部のカタカナを漢字にそれぞれ直しなさい。

(1) 早寝早起きは元気の源である。
(2) 祖母は目が肥えている。
(3) 仕事のブンタンを決める。
(4) 久しぶりにコキョウへ帰る。

問2 次の——線部分を尊敬語，もしくは謙譲語を用いた表現に書きかえなさい。ただし，特別な言い回しがある場合はそれを用いること。

(1) 先生が，絵の展示を見る。
(2) お客様に会うのを楽しみにしております。

問3 次の(1)，(2)の意味をもつ四字熟語を，あとのア〜エからそれぞれ1つずつ選び，記号で答えなさい。

(1) 「自分の都合のよいように言ったり，したりすること」
   ア 大義名分 イ 我田引水 ウ 不言実行 エ 一刀両断
(2) 「話や考え方などの筋道がきちんと通っていること」
   ア 理路整然 イ 用意周到 ウ 問答無用 エ 適材適所

問4 次の(1)〜(3)の文の「手」の意味として適切なものを，あとのア〜オからそれぞれ1つずつ選び，記号で答えなさい。

(1) おっと，その手には乗らないよ。
(2) 風にあおられて，みるみる火の手が強くなった。
(3) あのことがあってから，かれとは手を切った。

   ア 種類 イ 作戦 ウ 方向 エ 勢い オ 関係

問5　次の文章は，小学六年生の沙耶が級友に対して，丸刈りで登校してきた小柳詩音への文句を言っている場面からはじまる。あとの問いに答えなさい。

「最初っから，愛想のない子だとは思ってたけど」

不愉快そうに【　　　　】，詩音が出ていったあとをにらんでいる。

「女の子らしさとか，ぜんぜんないんだから，小柳さんって」

それが，とても大事なものみたいにいった。

「おばあちゃんがいつもいうんだけど，人間はみんな，男性か女性かに分かれて生まれてくる。だから，その性にふさわしく生きていくのが，幸せになることだって。それに反したことを選ぶと，苦労することになるって」

「ふうん，小柳さんは，それに反してるのかな」

瑠美奈は，いまいち納得できなかった。

「そりゃそうよ。女子が坊主にするって，ふつうありえないでしょ」

「けど，ロックグループのボーカルの女の子が，丸刈りにしてたの，見たことあるんだけど」

絵梨佳が，沙耶を横目で見ながら，ささやかな反論をした。

どっちかというと，絵梨佳は男の子っぽい恰好が好きだ。

入学式に着たワンピースとか，ひらひらしたレースの服は，苦手なほうだ。

「そりゃ，芸能人の中には，目立つためにはなんでもするって人はいるわよ。でも，そんな人と，わたしたち一般人をいっしょにするのはおかしいでしょ」

「でも，わたしたちの中にも，好きな人がいるから，やってるんじゃないの?」

瑠美奈には，そうとしか思えない。

「みんなが制服を着てるのに，一人だけTシャツを着てたりすると，じゃあオレもわたしもとなって，収拾がつかなくなるじゃないの」

「制服が汚れて洗濯したけど，乾かなかったからかも」

絵梨佳が，まぜっ返すみたいにいった。

「制服が気に入らなくて，着たくなかったのかも」

瑠美奈もいった。

一人だけちがう服を着るなんて，すごく勇気がいると思う。けど，その子のせいで私服が増えたのなら，制服を考え直したほうがいい，ということじゃないだろうか。

沙耶は，ふんと鼻先で二人の言葉をあしらった。

「そんなの，たんなるワガママでしょ。学校みたいな，人が大勢集まるところでは，ルールが必要だし，多少不満があっても，みんなとうまくやっていくことが大事だって」

「おばあちゃんがいった?」

「そうよ!悪い?」

沙耶の声がとがった。

（『わたしの気になるあの子』朝比奈蓉子による）

2024(R6) 聖ウルスラ学院英智中
K教英出版

(1) 【　　　】に入る語句として，最も適切なものを，次のア～エから１つ選び，記号で答えなさい。

　　ア　まゆをひそめて　イ　鼻にかけて　ウ　目頭を熱くして　エ　口を滑らせて

(2) ——線部「いまいち納得できなかった」理由を説明したものとして最も適切なものを，次のア～エから１つ選び，記号で答えなさい。

　　ア　おばあちゃんの考えをすべて信じ切っている沙耶に疑問をいだいたから。
　　イ　実際にロックグループのボーカルの女の子が丸刈りにしている例があったから。
　　ウ　クラスメイトに注目されたいという意図が小柳さんにあったかもしれないから。
　　エ　男性女性という性別にとらわれずに好きなかみ形にすればよいと思っているから。

(3) 本文の内容を説明したものとして最も適切なものを，次のア～エから１つ選び，記号で答えなさい。

　　ア　絵梨佳と瑠美奈が協力し意見をすり合わせることで沙耶の暴言を止めようとしている。
　　イ　集団とちがう個性を受け入れるには現実と向き合いつつ自分の頭で考える必要がある。
　　ウ　若者と比べて年長者の方が男の子らしさや女の子らしさという偏見にとらわれている。
　　エ　集団生活を送る場所ではルールを守り，少し理不尽なことも受け入れる必要がある。

2 次の問1～問3に答えなさい。

問1 次の文章を読んで，あとの問いに答えなさい。

（ A ）年，第二次世界大戦の反省から日本は，¹国民主権，²平和主義，³基本的人権の尊重の 3 つを原則とする日本国憲法が施行されました。そして，この 3 つの原則を実現するために，司法・⁴立法・⁵行政がお互いに監視し合い，権力が集中するのを防ぐ（ B ）という仕組みが採用されています。

---

(1) 文章中の（ A ）・（ B ）に当てはまる言葉の組み合わせとしてふさわしいものを，次のア～エから 1 つ選び，記号で答えなさい。

　　ア　A：1945　B：三権分立　　　イ　A：1945　B：権力分散
　　ウ　A：1947　B：三権分立　　　エ　A：1947　B：権力分散

(2) ――線部 1 について，選挙権が認められていない人として最も適当なものを，次のア～エから 1 つ選び，記号で答えなさい。

　　ア　15～17才の人　　イ　18～20才の人　　ウ　21～24才の人　　エ　25～27才の人

(3) ――線部 2 について，述べた文として最も適当なものを，次のア～エから 1 つ選び，記号で答えなさい。

　　ア　憲法第 9 条では，外国との争いは必要があれば武力で解決するべきであるとしている。
　　イ　憲法第 9 条では，外国との争いのための戦力を政府は用意するべきであるとしている。
　　ウ　憲法第 9 条では，自衛隊は国を守るときを除き，戦力を持ってはいけないとしている。
　　エ　憲法第 9 条では，日本は国際紛争の解決手段として，永久に戦争をしないとしている。

(4) ――線部 3 について，以下の憲法の条文から読み取れる国民の基本的人権を漢字 3 字で答えなさい。

「すべて国民は健康で文化的な最低限度の生活を営む権利を有する。（憲法第 25 条）」

- 4 -

(5)　——線部４について，述べた次の文のうち最も適当なものを，次のア～エから１つ選び，記号で答えなさい。

　　　ア　参議院は，議員の任期が４年で，解散できない。
　　　イ　衆議院は，議員の任期が４年で，解散できる。
　　　ウ　国会は，内閣から選ばれた議員によって成り立っている。
　　　エ　国会は，弾劾裁判所を設置し，議員を辞めさせることができる。

(6)　——線部５について，行政を実際に行う内閣の最高責任者となる人を何といいますか。漢字６字で答えなさい。

問2 次の年表を見て，あとの問いに答えなさい。

世紀	できごと
1	1狩猟・採集をして生活を送る。
8	2国を治めるための法律ができあがり，人々は税を納めるようになる。
12	3源頼朝が鎌倉幕府を開く。
14	4足利義満が京都の室町に花の御所をつくる。
	↕ （ X ）
19	第1回衆議院議員選挙が行われる。

(1) ——線部1について，縄文時代を代表する青森県青森市にある遺跡の名前を書きなさい。

(2) ——線部2について，8世紀に中国の唐を参考にして制定された法律のことを何というか答えなさい。

(3) ——線部3について，源頼朝が，幕府を開くにあたり朝廷から任じられた武士の最高位を何といいますか。次のア〜エから1つ選び，記号で答えなさい。

　　ア　征夷大将軍　　　イ　摂政　　　ウ　太政大臣　　　エ　執権

(4) ——線部4について，足利義満が行ったこととして最も適当なものを，次のア〜エから1つ選び，記号で答えなさい。

　　ア　京都に銀閣を建てた。　　　　イ　伝統芸能である歌舞伎を保護した。
　　ウ　明と貿易を行った。　　　　　エ　茶の湯を大成させた。

(5) （ X ）の時期にあてはまるできごととしてふさわしくないものを，次のア〜エから1つ選び，記号で答えなさい。

　　ア　織田信長が，桶狭間の戦いで今川氏を破った。
　　イ　豊臣秀吉が，安土城を築き，天下統一の拠点にした。
　　ウ　徳川家光が，武家諸法度を改訂し，参勤交代の制度を整えた。
　　エ　本居宣長が，国学を大成させた。

- 6 -

問3 次の地図を見て，あとの問いに答えなさい。

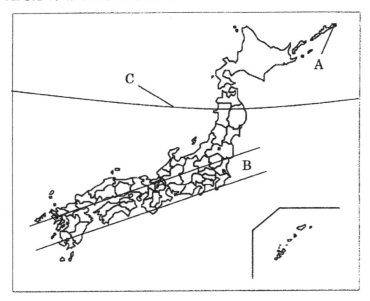

(1) 地図中のAは日本で最も北にある島です。これについて次の①・②に答えなさい。

① この島の名前を答えなさい。

② この地点をふくむ島々は日本固有の領土ですが，現在ある国が不法に占領しています。ある国とはどこの国か，次のア～エから1つ選び，記号で答えなさい。

ア 大韓民国　　　　　　　　　　イ 中華人民共和国
ウ 朝鮮民主主義人民共和国　　　　エ ロシア連邦

(2) 地図中のBは日本の工業地域や工業地帯が帯のように広がっています。この地域を何というか答えなさい。

(3) 地図中のCの線について述べた次の文章中の（ X ）・（ Y ）・（ Z ）にあてはまる言葉の組み合わせとしてふさわしいものを，あとのア～エから1つ選び，記号で答えなさい。

> この線は緯線とよばれ，（ X ）を0度として，北緯と南緯それぞれ（ Y ）度ずつあります。地図中にCで示した線は（ Z ）度の緯線を表しています。

ア X 本初子午線　　　Y 90　　　Z 南緯40
イ X 本初子午線　　　Y 180　　　Z 北緯40
ウ X 赤道　　　　　　Y 90　　　Z 北緯40
エ X 赤道　　　　　　Y 180　　　Z 南緯40

(4) 日本の国土について述べた文のうち最も適当なものを，次のア～エから1つ選び，記号で答えなさい。

ア　日本は，森林が国土面積の約4分の3をしめ，古くから林業が行われてきた。

イ　日本の海には，海流と海流がぶつかる潮目が発生しており，多くの魚がとれる良い漁場となっている。

ウ　日本の川は世界の川と比べて，流れが急で，長さが長いのが特ちょうである。

エ　日本は，多くの島々が南北に弓のように連なっていますが，北と南で気候のちがいは見られない。

問題は次のページに続きます。

3 次の文章を読んで，あとの問いに答えなさい。

　　現代は高度情報化社会といわれ，次々に新しい技術が現れているが，近年注目を集めているのは AI(人工知能)であろう。生成 AI の画像を使ったフェイクニュースの問題や，対話型 AI が作成した文章の¹著作権の問題など，AI は常に話題の中心にあるといえよう。

　　元々は²計算に使われていた機械が，次第に発展していき今日の AI につながったのだが，AI という言葉が歴史に初めて登場するのは，1950 年代である。機械が人間のような知的な能力を持つ可能性に興味を持ち，研究していたアメリカの科学者の一人が，1956 年，世界で初めて AI という言葉を使った。はじめは，ゲームなどの　あ　な推論を行う分野で AI の研究は進んだ。しかし，そのころの AI では，現実にあるような，さまざまな事がらがからみあう　い　な問題への対処は難しかった。その問題の解決が進んだのは，1990 年代だ。このころ³AI の研究は再び活発化した。コンピュータの処理能力が向上し，大規模なデータをあつかうことができるようになったためだ。2000 年代以降は，特にディープラーニング※1による自然言語処理※2や画像認識などで AI がおどろくほどの成果を上げ，私たちの生活にも深く浸透するようになった。今では AI の応用分野も広がり，スマートフォン，自動運転，医療診断などで活用され，多くの情報を収集しながら発展している。

　　このように，AI をめぐる技術はまさに　う　で，短期間でも大きく変化するため，それを使用する人間側の意識も常にアップデートしなければならない。AI は，良いことにも悪いことにも使用できるツールだ。そのため，例えば ChatGPT※3に関しても，2023 年 10 月現在においては，使用可能な年齢が 13 才以上に制限されており，国や企業，大学によってはその利用自体が禁止されている場合もある。このように，AI を用いた技術は使用する対象が限られている場合がある。また，最初に挙げた著作権侵害についても注意が必要だ。どのような技術も，使う側がそうした問題を認識して使うことが大切である。ともすれば私たちは AI によるフェイクニュースと人間の作る真実の文章の区別が付かなくなることもある。今後 AI がさらに発展していけば，今からは想像もできないような問題も出てくることだろう。そうした時に「知らなかった」とならないためにも，⁴私たち自身が AI との向き合い方を考えていくことが大切である。

　　ここまで AI の歴史からその危険性までを述べてきたが，この文章のように，出典の明記されていない記事やニュースはインターネットや世の中にたくさんある。だからこそ，常に批判的に考えることが大切だ。さて，今回の文章を読みながら「この文章は AI が書いたものかもしれない」と，一度でも疑って読んだ人はどのくらいいるだろうか。

※1　ディープラーニング …… 大量のデータから自動的に特徴を発見する技術。

※2　自然言語処理 …… 人が日常的に使う言葉をコンピュータで処理すること。

※3　ChatGPT …… AI との自然な会話を生成する対話型チャットサービスの１つ。

2024(R6) 聖ウルスラ学院英智中
K教英出版

問1　――線部1「著作権の問題」とありますが，次の資料を読み，著作権侵害にあたると考えられるものを，あとのア〜エから1つ選び，記号で答えなさい。

【資料】

　絵や文章をかくことによって，わたしたちは著作権という権利（けんり）を持つことができます。この権利はプロの絵かきや作家だけでなく，誰（だれ）もが持つことのできる権利です。絵や文章を書くことを仕事にしている人にとっては，この権利は特に大切なものであり，例えば，自分がかいたマンガの偽物（にせもの）が勝手に売られたりすると，そのマンガをかいている人は収入（しゅうにゅう）が減（へ）ることになるので，マンガをかき続ける気持ちがなくなってしまい，私たちはおもしろいマンガを読むことができなくなるかもしれません。

（文部科学省HP『見てみよう　文化　著作権ってなに？』による）

　　ア　友達にメッセージを送る際に，映画の台詞の一部を引用する。
　　イ　自分のブログに好きな音楽の歌詞を書き起こして投稿する。
　　ウ　公共の場で撮影した美しい風景写真をSNSに投稿する。
　　エ　新聞記事に出てきた研究結果の要約を学校で紹介する。

問2　――線部2「計算に使われていた機械」とありますが，日本では江戸時代にもさまざまな道具が計算に使われていました。江戸時代に計算に使われた道具とその使い方について説明した文として適切なものを，次のア〜エから1つ選び，記号で答えなさい。

　　ア　距離を測ったり，ものの重さを計算したりする道具として量程車が用いられた。
　　イ　方角とおよその星の位置から，日付を計算する道具として羅針盤が用いられた。
　　ウ　星の高度を測り，その位置から緯度を計算する道具として象限儀が用いられた。
　　エ　容器を流れる砂と水の差から，時間を計算する道具として枯山水が用いられた。

問3　　あ　，　い　にあてはまる語を漢字2字で答えなさい。ただし，　あ　と　い　は対義語になるように答えること。

問4 ——線部3「AIの研究は再び活発化した」とありますが，現在AI研究が盛んに行われている地域の1つにシリコンバレーという地域があります。この地域はAppleやGoogleといった企業の拠点となっていますが，ここでいうシリコンバレーがある場所として適切なものを次から1つ選び，記号で答えなさい。

　　ア　アメリカ／カリフォルニア州　　　イ　カナダ／ケベック州
　　ウ　ブラジル／サンパウロ州　　　　　エ　中国／上海

問5 　う　にあてはまる，「たえまなくどんどん進歩している」という意味の，漢字4字の熟語を答えなさい。

問6 ——線部4「私たち自身がAIとの向き合い方を考えていくことが大切である」とありますが，あなたは小学生や中学生がAIを利用する際に，どのような点に気をつけるべきだと考えますか。本文の内容をふまえて説明しなさい。

問7 　現在私たちの行動データはAIによって収集され，さまざまな場面で使用されています。それと同時に，私たちにはそれらのデータから正しく情報を読み取る能力も求められるようになってきています。次の文章は，ある小学校の6年生3クラスで，お楽しみ給食のメニューを決めるために，アンケート調査を行った時のものです。文章を読み，その学年で1番人気のある給食のメニューが何かを，あなたがそう考えた理由とあわせて答えなさい。

> Aクラスでは「ハンバーグ」が11人，「カレーライス」が10人，「焼きそば」が4人に選ばれ，「ハンバーグ」が一番人気でした。Bクラスでは「ハンバーグ」を6人，「カレーライス」を15人，「焼きそば」を4人選び，「カレーライス」が一番人気でした。Cクラスでは「ハンバーグ」を選ぶ人が9人，「カレーライス」を選ぶ人が7人，「焼きそば」を選ぶ人が9人いて，「ハンバーグ」と「焼きそば」が人気でした。

2024(R6) 聖ウルスラ学院英智中
K教英出版

K 教英出版

2024年度　聖ウルスラ学院英智小・中学校

中学校課程　前期入学選抜考査　総合問題Ⅱ

問　題　用　紙

注　意

1　指示があるまで，この「問題用紙」を開いてはいけません。

2　この「問題用紙」には，表紙に続き，1ページから11ページまで問題があります。「解答用紙」は1枚です。

3　「始め」の指示で，「解答用紙」に受験番号を書き，その後，「問題」に取り組みなさい。試験の時間は60分です。

4　解答はすべて「解答用紙」に書きなさい。「問題用紙」の空いているところは，自由に使ってかまいません。

5　円周率は3.14とします。

1 次の問1〜3に答えなさい。

問1 次の計算をしなさい。

(1) $(30 - 12 \div 6) \times 5$

(2) $1\frac{3}{4} + \frac{5}{6} - 1\frac{7}{12}$

(3) $5.46 \div 8.75$

(4) $\left(\frac{5}{8} \times \frac{14}{15} + \frac{1}{3}\right) \div \frac{7}{15}$

問2 次の ☐ にあてはまる数を求めなさい。

(1) 2時間：1時間12分＝5：☐

(2) 14分で35mm燃えるろうそくがあります。このろうそくは，8分で ☐ mm燃えます。

(3) ある小説の全体のページの20%を読んだら，残りは292ページありました。この小説の全体のページ数は ☐ ページです。

(4) 男子72人と女子96人をいくつかのグループに分けます。どのグループの男子の人数も女子の人数も同じにして，グループの数をできるだけ多くします。このときグループは全部で ☐ グループできます。

(5) 10人のソフトボール投げの結果が17m，16m，23m，17m，15m，25m，17m，18m，16m，15mであるとき，記録の最頻値は ☐ mです。

(6) 智志さんは午前7時30分に登山口を出発して，7.2kmはなれた山頂まで歩いて行きます。歩く速さは時速2kmで，80分歩くごとに5分休みます。智志さんが山頂に着く時刻は，午前 ☐ 時 ☐ 分です。

(7) 内のりが1辺 6cm の立方体の形をした容器 A と，直径 6cm，深さ 6cm の円柱の形をした容器 B があります。容器 A は水でいっぱいに満たされていて，容器 B は空です。容器 B がいっぱいに満たされるまで容器 A から水を移します。移した後，容器 A に残っている水の深さは □ cm です。

問3　下の図は円の中に正方形がある図です。この円の面積を求めなさい。また，求める方法を図や式，言葉を用いて説明しなさい。

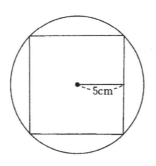

2 次の問1，2に答えなさい。

問1 図1はアサガオの花である。次の問いに答えなさい。

(1) ア，イを何といいますか。

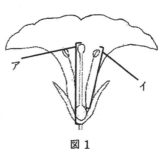

図1

(2) 図1について次の①，②に答えなさい。
① 図1のイの先にある粉を何といいますか。
② ①が図1のアの先端につくことを何といいますか。

(3) 図2は，けんび鏡を表したものです。
① A，Bのレンズを何といいますか。
② Aのレンズが15倍，Bのレンズが10倍のとき，
倍率は何倍になりますか。答えなさい。

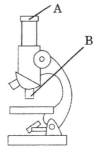

図2

(4) 図3はある小さな生き物をけんび鏡で観察したものです。
生き物が真ん中に見えるようにするためには，プレパラートを
どの方向に動かせばよいですか。図3のア～クから1つ選び，
記号で答えなさい。

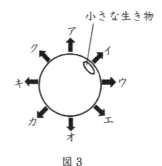

図3

問2 月と太陽について次の問いに答えなさい。

(1) 月について説明した次の文章の空欄(A)と(B)に当てはまる言葉を答えなさい。

> 月は(A)形をしていて，地球の周りを動いている。月の表面には(B)と
> 呼ばれるくぼみがある。

(2) 月の表面の様子を観察するときには，何を使うといいですか。次のア〜エから選びなさい。

　　　ア　けんび鏡　　　イ　望遠鏡　　　ウ　虫眼鏡　　　エ　そう眼鏡

(3) 月と太陽の見え方について説明した文章のうち適切なものを次のア〜エから選びなさい。

　　　ア　月と太陽は，自ら光を放っているから見える。
　　　イ　月は自ら光を放っているが，太陽は月の光を反射しているから見える。
　　　ウ　月は太陽の光を反射しているが，太陽は自ら光を放っているから見える。
　　　エ　月と太陽は，自ら光を放っている他の星の光を反射しているから見える。

(4) 次のA〜Dは地球から見える月の変化を示したものです。①〜③の問いに答えなさい。
　　ただし，B〜Dの点線部分は月が見えないことを示しています。

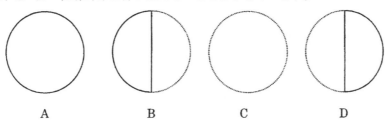

　　　A　　　　　　　B　　　　　　　C　　　　　　　D

① Aのような月を何といいますか。
② AからCのように月の見え方が変化するのにどのくらいかかりますか。次のア〜エ
　から選びなさい。

　　　ア　1年間　　　イ　半年　　　ウ　1ヶ月　　　エ　2週間

③ 日によって月の形が変化して見えるのはなぜですか。理由を答えなさい。

3　次の問1，2に答えなさい。

問1　英子さんは，弟の智志さんと算数の謎解きゲームをしています。会話文を読んで次の
　　問いに答えなさい。

智志：お姉ちゃん，この謎解き，何かきまりがありそうだけどわかる？

> 《300》＝3，　《14》＝5
> 《32》＝5，《172》＝10
> 　《803》＝　?

英子：《14》＝5と《32》＝5は，答えが同じ数なのがポイントのようね。

智志：そして《300》は《　》中の数が大きいのに答えが3にしかならないんだよ。

英子：もしかして，《　》の中の各位の数字の和になっているんじゃない？
　　　そう考えると《300》は 3＋0＋0＝3 だし，《172》は 1＋7＋2＝10 でびった
　　　り当てはまるわ。

智志：本当だ！じゃあ，　?　の答えは　ア　だね。

英子：そうだね。このきまりで考えると，《14》＝5や《23》＝5のように答えが
　　　5になる2けたの整数は全部で　イ　通りあるわね。

智志：なるほど。おもしろいなあ。考えていくと，もっと色々な問題が作れそうだ！

英子：じゃあ，問題です。
　　　《A》＝23になるようなAの中で一番小さい整数はなんでしょう？

智志：一つの位では最大で9までしか表せないから，《A》＝23になることができる
　　　一番小さい整数は　ウ　けたの数字ということか。

英子：そうだね。

智志：ということは，《A》＝23になる一番小さい整数Aは　エ　だね。

英子：正解！

---

(1) 会話文の　ア　〜　エ　にあてはまる数を答えなさい。

(2) ある整数Bがあります。整数Bは2けたの整数です。《B》が5の倍数となる整数は
　　全部で何通りありますか。

問2　英子さんと智志さんは，みつけたきまりを使って解くことができる問題を考え，それをお父さんに出してみることにしました。

お父さん：なるほど，《○△□》＝○＋△＋□となってるわけなのか。

智志：そうなんだ。このきまりを使って，色々な問題を作っていたんだよ。

英子：例えば，《《452》》だと答えはどうなるでしょうか？

お父さん：《　》が2つあるのか。おもしろいね。《452》＝11だから

《《452》》＝《11》＝2ってことかな。

智志：さすがお父さん。早いなあ。

英子：じゃあ，《《C》》＝1になる一番大きい3けたの整数Cはなんでしょう？

お父さん：これは難しいぞ。Cは3けただから，一番大きくて《999》＝27だよね。ということは，《《C》》＝1になるとき《C》は　オ　か　カ　のどちらかだね。

英子：そう。そして，一番大きい3けたの整数を探しているから，　オ　と　カ　のうち，より大きい方を選ぶのよ。

---

(1) 会話文をもとに，《《892》》がいくつになるか求めなさい。

(2) 会話文の　オ　，　カ　にあてはまる数を答えなさい。
　　ただし，　オ　＜　カ　となります。

(3) 会話文をもとに，《《C》》＝1となる最大の3けたの整数Cを答えなさい。

4 英子さんと智志さんは，図1のような1辺の長さ8cmの立方体の形をしたケーキを2つに切り分けて食べようとしています。ケーキの6つの面には均一にチョコレートがコーティングされています。

> 英子：まっすぐ切るのって難しいわ。
> 智志：お姉ちゃん，ななめに切れているよ。
> 英子：気にしない，気にしない。
> 　　　どんな切り方をしても味は変わらないわよ。
> 智志：ぼくは，表面のチョコレートが多い方がいいなあ。
> 英子：じゃあチョコレートの部分の面積を智志が計算して，その答えが当たっていたら，表面のチョコレートの面積が大きい方を智志にあげるわよ。
> 智志：やったあ！

図1

　智志さんはケーキと同じ大きさの立方体の模型を図2のように，紙で作りました。その立方体の各頂点に記号を付けました。そして，英子がななめにケーキを切断したときにできる切り口は，図の点P，点Qを通ります。点P，点Qはそれぞれ辺AB，辺ADをそれぞれ二等分する点です。図3は模型の展開図です。切り口の一部を図に示しました。

図2

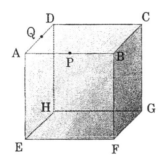

図3

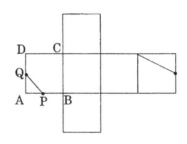

・は辺を二等分する点を表している

(1) ケーキの切り口がどんな図形になるか答えなさい。

(2) 図3の展開図に示した切り口の一部をもとに，残りの切り口の線も解答欄の展開図に書き込み，完成させなさい。

(3) 英子さんは約束通り，智志さんにコーティングされている表面のチョコレートの面積が大きい方のケーキをあげました。英子さんと智志さん，それぞれのケーキにコーティングされた表面のチョコレートの面積を求めなさい。

問題は次のページに続きます。

5 　英子さんと智志さんは，理科クラブに所属しています。会話文を読んで，次の問いに
　　答えなさい。

英子：昨日の夜，花火大会で打ちあげられた花火を少し遠くから見ていました。花
　　　火が見えてから，遅れて音が聞こえたんです。先生どうしてですか？
先生：いいことに気がつきましたね。身の回りには花火のように音が遅れて聞こえ
　　　ることってありますよ。
英子：雷もそうですよね。
先生：そうですね。今日の理科クラブではそれを実験で確かめてみましょう！
　　　まず，糸電話で智志さんと英子さんで話をしてみましょう。
　　　　　　　　～智志さんと英子さんが糸電話で会話中～
英子：紙コップから智志さんの声が聞こえます。
先生：そうだね。次は先生と智志さんで話してみますので，英子さんは糸を見てい
　　　てください。
　　　　　　　　～先生と智志さんが糸電話で会話中～
英子：すごい！糸がふるえていたよ。
智志：そうなんだ。じゃあ糸をつまんだら音が(　　A　　)ね。
先生：そう。ものがふるえる，つまり「振動」することで音が出るんだ。
智志：じゃあ花火も音が出ていたけど，何が振動していたのでしょうか？
先生：それは，空気が振動していたんだよ。ものから音が出ると，その振動が空気
　　　に伝わって，その振動が私たちの耳まで届きます。
英子：なるほど，でも花火が見える時間と音が聞こえる時間のずれが起きる理由が
　　　まだわからないな。
先生：じゃあ次のような実験をしてその理由にせまっていこう。

英子さんたちは先生に教えてもらいながら次のような実験をしました。

方法：図1のように英子さんと智志さんは680m離れ，智志さんの後ろには大きな壁
　　　を用意しました。英子さんは太鼓を鳴らし，英子さんと智志さんがその音を聞
　　　きます。
結果：音が聞こえた回数は英子さんは2回，智志さんは1回でした。

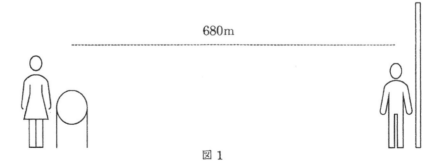

図1

(1) 会話文中の(A)に入る言葉として適当なものを次のア〜エから1つ選び，記号で答えなさい。

    ア　大きくなる
    イ　高くなる
    ウ　聞こえなくなる
    エ　周りの人にも聞こえるようになる

(2) 空気が振動して音が伝わることを確かめるために，真空容器の中で電子オルゴールを鳴らしました。そのとき真空容器の外ではどう聞こえますか。簡潔に答えなさい。

(3) スピーカーから大音量で音を鳴らし，510m離れたところで聞いたところ，1.5秒後に聞こえました。音の速さは秒速何mですか。

(4) 智志さんに音が聞こえたのは，英子さんが太鼓を鳴らしてから何秒後ですか。ただし，音の速さは(3)で求めたものを使います。

(5) 英子さんの聞こえた音について，次の①，②に答えなさい。ただし，音の速さは(3)で求めたものを使います。

    ① 英子さんが2回目に聞こえた音は太鼓をならしてから何秒後ですか。

    ② 英子さんが太鼓を持って智志さんに170m近づいたとします。その位置から太鼓を鳴らしたとき，2回目に聞こえた音は太鼓を鳴らしてから何秒後ですか。

(6) 花火が見えてから，音が遅れて聞こえる理由は，光の速さと音の速さの違いで説明できます。簡潔に説明しなさい。

(7) 図2はモノコードを表したものである。図3はモノコードの弦をはじいたときの様子を上から見たときの動きです。A～Cの動きを1回として，1秒間に何回動くかを振動数といいます。振動数で音の高低が決まります。次の①，②に答えなさい。

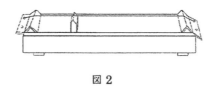

図2

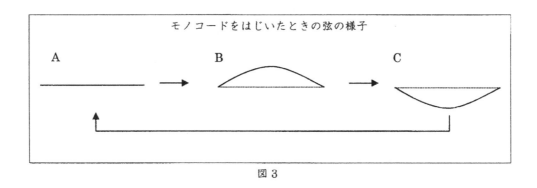

図3

表1　音階と振動数

音階	ラ	シ	ド	レ	ミ	ファ	ソ	ラ
振動数（Hz）	440	494	523	587	659	698	784	880

① 表1のようなそれぞれの音階と振動数の関係のとき，音の高さと振動数の関係を簡潔に説明しなさい。ただし，振動数の単位はHzです。

② 表1の音階を横軸に振動数を縦軸としたとき，適当なグラフを次のア～ウから1つ選び，記号で答えなさい。

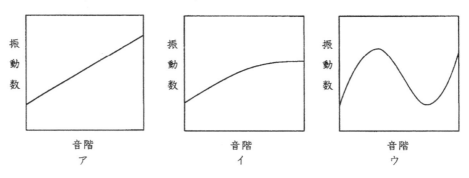

2024年度　聖ウルスラ学院英智小・中学校

中学校課程　前期入学選抜考査　　英語

問　題　用　紙

注　意

1　指示があるまで，この「問題用紙」を開いてはいけません。

2　この「問題用紙」には，表紙に続き，1ページから5ページまで「問題」が
あります。「解答用紙」は1枚です。

3　「始め」の指示で，「解答用紙」に受験番号を書き，その後，「問題」に取り組
みなさい。試験の時間は30分です。

4　解答はすべて「解答用紙」に書きなさい。「問題用紙」の空いているところは，
自由に使ってかまいません。

【リスニング】

$\boxed{1}$ ～ $\boxed{3}$ はリスニングテストです。よく聞いて答えなさい。放送は全て2回流れます。

$\boxed{1}$ これから，ニック（Nick）が自分の行きたい国について説明をします。よく聞いて，(1)～(4)の内容が，スピーチの内容と合っていれば○，合っていなければ×を書きなさい。放送は2回流れます。

(1) ニックはアメリカに住んでいる。

(2) ニックは動物がとても好きである。

(3) ケンは美しい海で泳ぎたいと思っている。

(4) ケンはレストランでステーキを食べたいと思っている。

$\boxed{2}$ (1)～(4)の会話を聞き，それぞれの質問に日本語で答えなさい。会話は2回ずつ流れます。

(1) 男の人はクッキーを合計何枚注文しましたか。

(2) ケンタが昨日パーティーに来なかった理由は何ですか。

(3) ジェーン（Jane）は今どこにいますか。

(4) ティム（Tim）が食べたものは何ですか。

3   これから，ロバート（Robert）が家族についてスピーチをします。あとに流れる問いの答えとして最も適切なものをア〜エの中から 1 つずつ選び，それぞれ記号で答えなさい。スピーチを 1 回放送し，そのあとでその内容について(1)〜(4)の質問を 1 回放送します。英文と質問はもう一度くり返し放送します。よく聞いて答えなさい。

(1) Where is Robert now?
    ア   In Australia.
    イ   In the USA.
    ウ   In Japan.
    エ   In Germany.

(2) How many countries did Robert's father go to last year?
    ア   2 countries.
    イ   4 countries.
    ウ   15 countries.
    エ   16 countries.

(3) Who is good at sports?
    ア   Robert's father.
    イ   Robert's mother.
    ウ   Robert's sister.
    エ   Robert.

(4) What is Robert's dream?
    ア   To be a pilot.
    イ   To be a teacher.
    ウ   To be a badminton player.
    エ   To be an astronaut.

【筆記】

4 ～ 7 は筆記テストです。よく読んで答えなさい。

4 次の(1)～(3)の種類に当てはまる単語を，下の [   ] の中から2つずつ
   選び，その単語を書きうつしなさい。

(1) 天気

(2) 海の生き物

(3) スポーツ

dodgeball	snowy	tennis	dolphin	windy	octopus

5 (1)～(4)の会話文を読み，(   )内に当てはまる最も適切な語をア～ウの中か
   ら選び，それぞれ記号で答えなさい。

(1) Satoshi : Hi, James! This is a present for you.
     James   : Thank you! You are very (   ).
               ア sad   イ angry   ウ kind

(2) Mayuko   : I'm sleepy. (   ) time is it now?
     Father   : It's eleven o'clock.
               ア When   イ What   ウ Where

(3) Oscar   : Amy, I am very hungry now.
     Amy   : Me too. Let's go to a (   )!
               ア restaurant イ library   ウ museum

(4) Mother   : Kota! (   ) your hands before lunch.
     Kota   : Ok, mom...
               ア Play   イ Wash   ウ Make

(3)

    A: Kelly, who is that lady in your car?

    B: She is my cousin, Jane. She's from Canada.

    A: Oh, Ok. She looks like you

(4)

    A : Tim, did you eat a hot dog?

    B :   No. But I had a hamburger. Why?

    A : You have ketchup on your mouth.

3

三番。これから,ロバート(Robert)が家族についてスピーチをします。

後に流れる問いの答えとして最も適切なものをア〜エの中から１つずつ選び,それぞれ記号で答えなさい。

スピーチを１回放送し,そのあとでその内容について(1)〜(4)の質問を１回放送します。

英文と質問はもう一度繰り返し放送します。

よく聞いて答えなさい。

  Hi, I'm Robert! I will talk about my family. We are from Australia but we live in the USA now. My father is a pilot. He went to fifteen countries last year. Yesterday, he was in Japan. Today, he will fly to Germany. My mother is a teacher. She teaches English in an elementary school. My sister Mary is a high school student. She is very good at sports. She likes P.E. She wants to play badminton in the Olympics. I am a junior high school student. I like to study science and math. I want to be an astronaut. It is my dream. Thank you for listening.

(1) Where is Robert now?

(2) How many countries did Robert's father go to last year?

(3) Who is good at sports?

(4) What is Robert's dream?

問題用紙

注意

一　指示があるまで、この問題用紙を開いてはいけません。

二　作文の「問題用紙」には表紙に続き、「問題」があります。「解答用紙」は別に一枚あります。

三　「始め」の指示で、中を開いて、「解答用紙」に受験番号を書きなさい。その後、「問題」に取り組みなさい。試験の時間は四十分です。

問　題

　あなたは、学びの大切さや学ぶことの意味についてどのように考えますか。あとの文章を読ん
だうえで、次の条件にしたがい、作文しなさい。

【条件】①本文の内容をふまえて、自分の体験を具体例としてあげながら書くこと。

　　　　②字数は四百字以上五百字以内、構成は三段落、または四段落にすること。

　　　　③題名、名前は書かずに、一行目から書き始めること。

　　　　④原稿用紙の正しい使い方にしたがい、文字やかなづかいも正しく書くこと。

（配点非公表）

3	※

受験番号　※

（名前は記入しないこと）　（※の欄には記入しないこと）

問1	
問2	
問3	あ　　　　　い
問4	
問5	
問6	

問7

給食

前期入学選抜考査 | 総合問題Ⅱ | 解答用紙　　　　（配点非公表）

受験番号
（名前は記入しないこと）

※
（※の欄には記入しないこと）

3	問1	(1)	ア　　　　イ　　　　ウ　　　　エ	※
		(2)	通り	
	問2	(1)	(2) オ　　　　カ	※
		(3)		

4		(1)		※
		(2)	D　C　Q　A　P　B	
		(3)	英子　　cm² / 智志　　cm²	※

5		(1)	(2)	(3) 　m	※
		(4)	秒後 (5) ① 秒後 ② 秒後	
		(6)		
		(7)	①	
			②	

5	(1)		(2)		(3)		(4)		

6	(1)	....
	(2)	....
	(3)	....
	(4)	.... ?

7	(1)	ア		イ		ウ		エ	
	(2)	They wear _____ .							
	(3)	①			②				

20

受験番号

（名前は記入しないこと）

（評価基準非公表）

※

（※の欄は記入しないこと）

二〇二四年度
聖ウルスラ学院英智小・中学校
前期入学選抜考査

作文 中学校課程
解答用紙

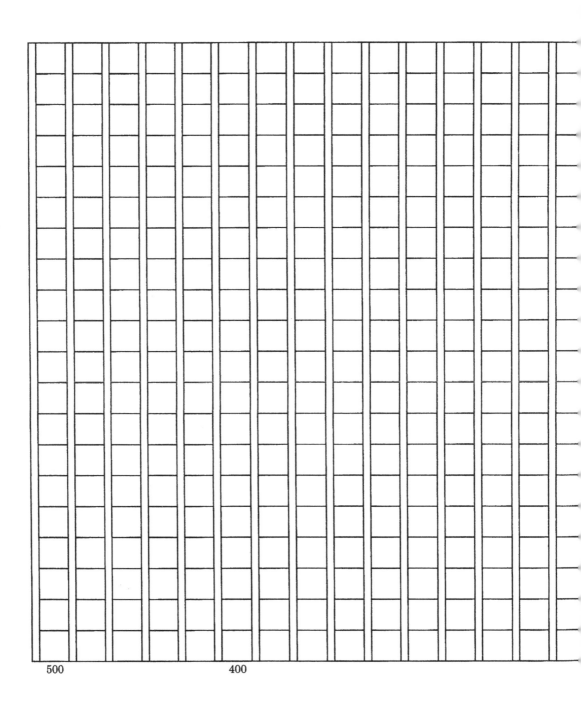

500　　　　　　　400

2024年度 聖ウルスラ学院英智小・中学校 中学校課程 前期入学選抜考査 英語 解答用紙

受験番号

（※名前は記入しないこと）

※

（配点非公表）

（※の欄には記入しないこと）

※　　※　　※

	(1)	(2)	(3)	(4)
1				

	(1)		(3)	
2				
	(2)		(4)	

	(1)	(2)	(3)	(4)
3				

	(1)			
4				
	(2)			

1

問1

(1)		(2)		(3)	
(4)					

問2

(1)		(2)	mm	(3)	ページ
(4)	グループ	(5)	m	(6)	午前　　時　　分
(7)	cm				

問3

答え＿＿＿＿ cm²

2

問1

(1)	ア		イ		(2)	①		②	
(3)	① A		B			②	倍	(4)	

問2

(1)	A	B		(2)		(3)	
(4)	①		②				
(4)	③						

2024年度 聖ウルスラ学院英智小・中学校

1 ※

問1	(1)		(2)		(3)		(4)	
問2	(1)				(2)			
問3	(1)		(2)					
問4	(1)		(2)		(3)			
問5	(1)		(2)		(3)			

2 ※

問1	(1)		(2)	
	(3)		(4)	
	(5)		(6)	
問2	(1)		(2)	
	(3)	(4)	(5)	
問3	(1) ①	②		
	(2)	(3)	(4)	

2024 年度前期英語問題スクリプト

2024 年度 聖ウルスラ学院英智小・中学校 前期入学選抜考査、英語 リスニングテスト

これから、リスニングテストを始めます。リスニングテストは１番から３番です。

問題用紙の「リスニング」と書いてあるページを開いてください。

必要があれば、問題用紙の空欄にメモを取っても構いません。

では、１番から始めます。

１

一番。これから, ニック（Nick）が自分の行きたい国について説明をします。

よく聞いて（１）～（４）の内容が, スピーチの内容と合っていれば〇, 合っていなければ×を書きなさい。

放送は2回流れます。

Hi! I'm Nick. I'm from America. I live in Japan. I want to go to Australia with my Japanese friend Ken. I like animals very much. In Australia, we can see many animals, like koalas and kangaroos. Also I want to swim in the beautiful sea because I am good at swimming. But Ken doesn't like swimming at all. He wants to eat a delicious beef steak in a restaurant by the sea.

2

二番。(1)～(4)の会話を聞き, それぞれの質問に日本語で答えなさい。 会話は2回ずつ流れます。

（1）

    A: Can I have cookies please.

    B: How many cookies would you like?

    A: I would like 3 chocolate cookies and 2 maccha cookies please.

(2)

    A: Kenta, you didn't come to the party yesterday.　What happened?

    B: Well, it was a busy day and I was tired.

    A: Ok.　Take care.

6 (1)～(4)の日本文に合う英文になるように，【 　　　　　】内の語をならべかえ，正しい英文をつくりなさい。ただし，文頭の文字は大文字に書きかえなさい。

例 こちらはマミさんです。

【 Mami / this / is 】． → This is Mami.

(1) わたしは自転車を持っています。

【 bicycle / I / a / have 】．

(2) わたしたちはキャンプに行きません。

【 go / don't / we / camping 】．

(3) わたしは馬に乗りたいです。

【 to / ride / want / a / I / horse 】．

(4) あなたは土曜日に何をしますか。

【 do / Saturdays / you / do / on / what 】？

7　ペルー出身のローザ（Rosa）は，英語の授業でペルーのお祭りである「インティ・ライミ」についてスピーチをしています。次の英文を読んで，以下の問いに答えなさい。

　　　Hi, my name is Rosa.　I'm from Peru.　In my country, we have "Inti Raymi" on June 24th.　"Inti Raymi" is a festival of the sun.　"Inti" is the sun and "Raymi" is festival.　We thank the sun in the festival for a good *harvest.　In "Inti Raymi", people wear traditional colorful costumes and show traditional dances and songs.　People also have Inka flags.　Inka flags have seven colors, red, orange, yellow, green, light blue, blue, and purple.　I think they are very beautiful.

*harvest: 収<ruby>穫<rt>しゅうかく</rt></ruby>

(1) 下の表は「インティ・ライミ」について日本語にまとめたものです。表中の（　ア　）〜（　エ　）に当てはまる日本語や数字を書きなさい。

> ・「インティ・ライミ」が行われる日
>
> 　（　ア　）月 24 日
>
> ・「インティ・ライミ」の意味
>
> 　インティは（　イ　）を、ライミは（　ウ　）という意味。
>
> ・「インティ・ライミ」で行われること
>
> 　伝統的な踊りや（　エ　）を<ruby>披露<rt>ひろう</rt></ruby>する。

(2) 次の質問の答えになるよう、"They wear" のあとに続く英単語を 3 語書きなさい。

質問　What do people wear in "Inti Raymi"?

答え　They wear ＿＿＿＿＿＿＿＿＿＿＿＿＿＿.

(3) 次の（　①　）・（　②　）に当てはまる日本語を書きなさい。

> 「インティ・ライミ」で飾られる旗は 7 色で，赤，オレンジ，（　①　），緑，水色，青そしてむらさきである。ローザは、その旗をとても（　②　）と思っている。

問題はこれで終わりです。

2023年度　聖ウルスラ学院英智小・中学校

中学校課程　前期入学選抜考査　総合問題Ⅰ

問　題　用　紙

注　意

1　指示があるまで，この「問題用紙」を開いてはいけません。

2　この「問題用紙」には，表紙に続き，1ページから9ページまで「問題」が
　あります。「解答用紙」は1枚です。

3　「始め」の指示で，「解答用紙」に受験番号を書き，その後，「問題」に取り組
　みなさい。試験の時間は60分です。

4　解答はすべて「解答用紙」に書きなさい。「問題用紙」の空いているところは，
　自由に使ってかまいません。

問題は次のページから始まります。

【総

1 次の問1〜問5に答えなさい。

問1 次の (1). (2)の——線部の漢字をひらがなに，(3). (4)の——線部のカタカナを漢字にそれ
　　ぞれ直しなさい。

　　　(1) 実験を試みる。
　　　(2) 日本を縦断する。
　　　(3) いろいろなことにキョウミがわく。
　　　(4) 植物のケンキュウをする。

問2 次の会話文を読み，——線部分を尊敬語，もしくは謙譲語を用いた表現に書きかえなさい。
　　ただし，特別な言い回しがある場合はそれを用いること。
　　　あいさん「今日はついに発表会ね。審査員の先生は何時に会場に(1)来る予定なのかな。」
　　　かなさん「たしか，開場の1時間前だったはず。それまでに会場の準備をしないとね。」
　　　あいさん「発表会が終わったあとに先生に(2)送るお礼の手紙も忘れないでね。」
　　　かなさん「そうだね。今日家に帰ったら文面を考えるね。」

問3 次の(1)〜(3)の熟語と同じ構成になっている熟語を，次のア〜エからそれぞれ1つずつ選び，
　　記号で答えなさい。

　　　(1) 温暖 （　　ア 南北　　イ 不満　　ウ 体温　　エ 永久　　）
　　　(2) 読書 （　　ア 着席　　イ 反省　　ウ 海辺　　エ 訓読　　）
　　　(3) 絵筆 （　　ア 絵画　　イ 花束　　ウ 非道　　エ 得失　　）

問4 次の(1)〜(3)の空らんに当てはまる適切な慣用句を，次のア〜エから1つ選び，記号で答え
　　なさい。

　　　(1) 仕事中に（　　　　　）いたせいで，上司から注意された。
　　　　ア 油をしぼって　　イ 油をそそいで　　ウ 油を売って　　エ 油を切って
　　　(2) 満開の桜は，思わず（　　　　　）美しさだ。
　　　　ア 息がかかる　　イ 息が合う　　ウ 息を入れる　　エ 息をのむ
　　　(3) クラスメイトからほめられて（　　　　　）。
　　　　ア 鼻が高い　　イ 頭が高い　　ウ 目が高い　　エ しきいが高い

-1-

問5　次の文章は中学生のメッシ（本名は歩）が「サイトウさんからの手紙」を読んでいる場面である。メッシからの悩みを聞いたサイトウさんは手紙の中で、いくつかの本を紹介している。次の手紙の内容を読み、後の問いに答えなさい。

　　最初にすすめた『スラムダンク』にはメガネくんというキャラクターが登場するから、ぜひ最後まで読んでほしいな。僕も眼鏡をかけているから親近感がわくんだ。メガネくんはキャプテンの赤木と中学時代からバスケを一緒にやってきた。高校では副キャプテンになって、真面目にチームを支えていく。自らがスタメンを外れてもチームがどうすればまとまるか、このチームでどうやって全国を目指すかを常に考えているんだ。

　　チームスポーツでも個人スポーツでも、吹奏楽でもダンスでも、そして、　Ａ　に出てからも、自分の理想と現実の落差に打ちのめされたり、ライバルに打ち負かされたり、上下関係が逆転したり、そんなことがたくさん起こる。

　　人生はいつでも自分が主役ってわけにはいかない。映画を撮るときだって、主役になれる人もいれば、脇役の人もいる。スタッフだって監督から照明さん、音声さん、お弁当を発注する人まで数えきれないほどの人が支えている。そういう人達が複雑に絡み合って、　Ａ　はできている。

　　メッシくんと今日話していて、君はまさに現実の世界で、そういうことの真っ只中にいるんだと感じたよ。それで、自分の学生時代を懐かしんで、つい漫画や本をすすめてしまったんだ。あのときの自分なら、こんな本を読みたかったなと思ってね。メッシくんというより、あのときの僕にすすめていたのかもしれないね。

　　　Ｂ　よく考えてみると、今の僕も、まさに新しいチャレンジをして苦戦している状況だと改めて気がついたよ。メッシくんと話をしたおかげだ。僕ももう一度、『スラムダンク』や『ピンポン』を読んでみたいと思っている。

　　そして、メッシくんに明日買ってもらう『ツァラトゥストラ』に付箋を付けようと思って今また読み返している。

　　君はどんなことで今悩んでいるだろう。詳しい内容を聞いたわけではないけれど、きっとサッカーのことや友情や、嫉妬や競争のようなことなのじゃないかと想像している。この本の中で、今のメッシくんに読んでもらいたいのは「友」という章だ。

　　　　　　　　　　　　　　　　（齋藤　孝『未来の自分に出会える古書店』文藝春秋刊による）
※『スラムダンク』…漫画のタイトル名。※『ピンポン』…漫画のタイトル名。
※『ツァラトゥストラ』…書物名。※嫉妬…相手をうらやましく思ったりねたんだりすること。

(1)　　Ａ　に共通して当てはまる言葉として最も適切なものを，次のア〜エから１つ選び，記号で答えなさい。
　　　ア　学校　　　イ　劇場　　　ウ　世界　　　エ　社会

(2)　　Ｂ　に当てはまるつなぎの言葉を，次のア〜エから１つ選び，記号で答えなさい。
　　　ア　そして　　　イ　でも　　　ウ　つまり　　　エ　ところで

(3)　　——線部「読んでみたいと思っている」と手紙を書いたときのサイトウさんの気持ちを説明したものとして適切なものを，次のア〜エから１つ選び，記号で答えなさい。
　　　ア　中学生のころに読めなかった漫画をようやく読めることに喜びを感じている。
　　　イ　メッシくんに自分の好きだった漫画を紹介することで懐かしい思いにかられている。
　　　ウ　現在の自分の状況を再確認し、未来のことを考えて前向きに生きようとしている。
　　　エ　メッシくんとの会話のおかげで、自分のすべきことが具体的に分かり希望を感じている。

2　次の問1〜問3に答えなさい。

問1　次の文章を見て，あとの問いに答えなさい。

　　国の政治は，日本国憲法にもとづいて行われています。日本国憲法は，国民主権，1基本的人権の尊重，2平和主義の3つを基本原則としており，国民の権利と義務や，3国会，4内閣，5司法などの政治のしくみについても定めています。

(1)　――線部1について，すべての人にとって使いやすい形や機能を考えたデザインのことを何と言いますか。

(2)　――線部2について，日本国憲法において，平和主義は主に第何条に記されていますか。次のア〜エから1つ選び，記号で答えなさい。

　　　ア　第1条　　　　　イ　第3条　　　　　ウ　第9条　　　　　エ　第11条

(3)　――線部3について，次の①・②に答えなさい。

①　次に示した日本国憲法の条文中の(　　　)にあてはまる語句を漢字2字で答えなさい。

　　　第41条　国会は，国権の最高機関であって，国の唯一の(　　　)機関である。

②　衆議院と参議院について述べた文として最も適当なものを次のア〜エから1つ選び，記号で答えなさい。

　　　ア　衆議院の方が参議院よりも議員数が多く，議員の任期は短くなっています。
　　　イ　衆議院の方が参議院よりも議員数が多く，議員の任期は長くなっています。
　　　ウ　衆議院の方が参議院よりも議員数が少なく，議員の任期は短くなっています。
　　　エ　衆議院の方が参議院よりも議員数が少なく，議員の任期は長くなっています。

(4)　――線部4について，内閣の方針を決めるため，内閣総理大臣とすべての国務大臣によって開かれる会議を何と言いますか。

(5)　――線部5について，次の各文は，国会，内閣，裁判所のいずれかの仕事について述べています。裁判所の仕事について述べている文を，次のア〜エから1つ選び，記号で答えなさい。

　　　ア　外国と結んだ条約について，承認を行います。
　　　イ　予算を立てて，国会に提出します。
　　　ウ　裁判官をやめさせるかどうか判断するために，弾劾裁判を行います。
　　　エ　政府が出した命令や処分が，憲法に違反していないか，判断します。

問2 次の年表を見て，あとの問いに答えなさい。

時代	できごと
弥生	米づくりの広がりによって，¹むらがくにへと発展する。
飛鳥	中大兄皇子らによって²大化の改新が始まる。
奈良	国ごとに³国分寺が建てられる。
平安	漢字をくずしてつくられた，⁴かな文字が使われる。
安土桃山	織田信長が⁵全国統一を目指す。
江戸	杉田玄白が前野良沢らと⁶オランダの医学書をほん訳し，解体新書を出版する。
明治	大久保利通が⁷外国に負けない国づくりを進める。

(1) ――線部1について，このころの日本には，女王卑弥呼がおさめている国があったことが中国の歴史書に記されています。この国名を答えなさい。

(2) ――線部2について，この当時の様子を説明した文としてまちがっているものを次のア～エから1つ選び，記号で答えなさい。

　　ア　豪族が支配していた土地や人々は，国のものになった。
　　イ　中国にならって，平城京という日本で最初の本格的な都がつくられた。
　　ウ　国を治めるための法律もつくられ，人々は税を納めることになった。
　　エ　日本各地から運ばれた産物を管理するために木簡が使われた。

(3) ――線部3について，全国の国分寺の中心として，大仏もつくられた寺を答えなさい。

(4) ――線部4について，この時代に書かれた文学作品と，その作者名の組み合わせとして正しいものを次のア～エから1つ選び，記号で答えなさい。

　　ア　『源氏物語』・紀貫之　　　　　　イ　『枕草子』・紫式部
　　ウ　『源氏物語』・紫式部　　　　　　エ　『枕草子』・紀貫之

(5) ――線部5について，織田信長が城下町で行った，市場の税や関所をなくし，だれでも商売を行うことができるようにした政策を答えなさい。

(6) ――線部6について，オランダを通じてヨーロッパから新しい知識や技術を学んだ学問を答えなさい。

(7) ――線部7について，明治時代に行われた，工業をさかんにし，強い軍隊を持つことを目指した政策を漢字4字で答えなさい。

問3 次の地図を見て，あとの問いに答えなさい。

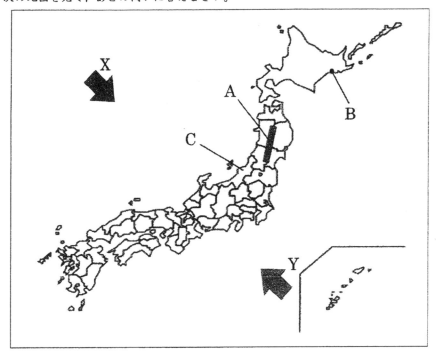

(1) 地図中のX，Yは，日本の気候に大きな影響をあたえている風の向きを示しています。冬には Xの向きで，夏には Yの向きでふく，この風を答えなさい。

(2) 地図中のAの山脈を答えなさい。

(3) 地図中のBは日本有数の漁獲量をほこる漁港です。Bについて次の①・②に答えなさい。

① この漁港を次のア～エから1つ選び，記号で答えなさい。

　　ア　気仙沼港　　　イ　焼津港　　　ウ　釧路港　　　エ　銚子港

② この漁港は遠洋漁業によって発展した漁港です。遠洋漁業について述べた次の文章中の
　　（　　　）にあてはまる数字として最も適当なものを次のア～エから1つ選び，記号で答えなさい。

　1970年代の後半から，各国の沿岸から（　　　）海里の海は，外国の船がとる魚の量がきびしく制限されました。そのため，日本の遠洋漁業の漁獲量が大幅に減少しました。

　　ア　12　　　イ　38　　　ウ　120　　　エ　200

(4) 地図中の C で示した県について次の①・②に答えなさい。

① この県を流れる，日本で最も長い川を答えなさい。

② この県について述べた文として最も適当なものを次のア〜エから 1 つ選び，記号で答えなさい。

ア 日本を 7 つの地方区分に分類したとき，関東地方に属します。
イ 大部分の水田が米だけを生産する水田単作地帯となっています。
ウ 昔から伝わる伝統工芸品として，輪島塗が有名です。
エ 日本で 3 番目に米の生産量が多い都道府県です。

3 次の文章を読んで，あとの問いに答えなさい。

在宅勤務や巣ごもり需要※1の拡大に伴って，1"冷凍食品"の売り上げが好調のようだ。経済産業省は，「民間アンケートの結果では『コロナ禍で初めて冷凍食品を利用した人がそのおいしさに驚いた』との回答が少なくなかったことや，冷凍食品のリピーターが増加しているとの情報もあります。また，『冷凍食品専門スーパー』や『通信販売（ＥＣ）サイト』，『レストランが手がける冷凍食品（持ち帰り販売）』などの市場も活況※2なようです。さらに，スーパーやコンビニエンス・ストアにおいても，冷凍食品売り場を拡大する動き（方針を示している場合も含む）があるなど成長が楽しみな産業です。」※3としている。冷凍食品は 2 1964 年の東京オリンピックをきっかけに人々の間で注目されるようになったが，それ以降も技術の進歩に伴って改良が重ねられ，テレビ等のメディアで取り上げられる機会も増えたことで，家庭の中での地位を　A　しているのかもしれない。

一方で，3 食の安全性への私たちの意識が高まってきていることを背景に，冷凍食品は体によくない，冷凍食品ばかり食べていると栄養がかたよってしまうという意見もある。

B

しかし，そもそも冷凍食品，生鮮食品を問わず，同じものを食べ続ければ，その分だけ栄養はかたよることになる。4 バランスのとれた食事をするためにも，冷凍食品を上手に使って時間を有効に活用し，もう一品増やしてみることも良いかもしれない。

このように，特徴を考えて適切に使えば，時短にもつながる便利な冷凍食品だが，食材をめぐる環境には心配な点もある。原材料や原油価格の上昇はもちろんのこと，5 世界情勢については今後も　C　を許さない状況にあるうえ，食料自給率の低い日本では各国との関係性にも注意を払われなければならない。また，国外だけでなく，国内においても安全基準が守られているのか，不正は行われていないか，など消費者として注視していく必要があるだろう。いずれにしろ，食品は様々な影響を受けやすいものではあるが，それだけ多くの人が関わって，私たちの手元に届いているということは意識しておきたい。

※1　巣ごもり需要……　　在宅時間が増え、外出を控えるようになった人々が、家で過ごす
　　　　　　　　　　　　時間の快適さを重視したことで生じた消費行動のこと。
※2　活況……　　　　　　景気がよく、活気のあるようす。
※3　https://www.meti.go.jp/statistics/toppage/report/keizaikaiseki_toppage.html（経済
　　　産業省　経済解析室トップ）

問1　文中の　A　，　C　にあてはまる言葉を，次のア〜エからそれぞれ1つずつ選び，記号で
　　答えなさい。

A 　ア　確定　　イ　格定　　ウ　確立　　エ　格立
C 　ア　予断　　イ　余断　　ウ　油断　　エ　湯断

問2　——線部1「"冷凍食品"の売り上げが好調」について，次のグラフⅠ，Ⅱを使ってはると
　　　さん，めいさん，みなとさん，みおさんの4人が話し合いをしています。4人のうち，グラフ
　　　から読み取れる内容について発言している人を1人選び，名前を書いて答えなさい。ただし，
　　　グラフⅠ，Ⅱは，日本国内の各冷凍食品工場における，業務用冷凍食品と家庭用冷凍食品の
　　　国内生産数量と，それぞれの売上金額です。

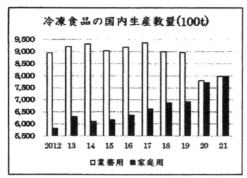

（グラフⅠ）

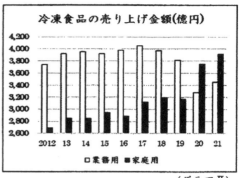

（グラフⅡ）

はるとさん：2019年までの業務用冷凍食品の国内生産数量は家庭用より2倍以上多いけど，20
　　　　　　20年からはほぼ同じだから，冷凍食品を家庭でも使う人が増えたということだね。

めいさん　：2020，21年で，業務用と家庭用の国内生産数量がほぼ同じなのに，売り上げが違う
　　　　　　ことから，家庭用の冷凍食品の方が1kgあたりの金額が高いことがわかるね。

みなとさん：2019年と2020年のグラフを比べて見ると，業務用と家庭用での売り上げ金額が逆
　　　　　　転しているのは，国内外での冷凍食品の需要が高まったことが原因だね。

みおさん　：家庭用冷凍食品は，この10年間で国内生産数量と売り上げ金額が増加し続けている
　　　　　　し，今ではさまざまな種類の食品もあるから，今後も成長し続けられそうだね。

問3　——線部2「1964年の東京オリンピックをきっかけ」について，次の文章を読み，人々が
　　　東京オリンピックをきっかけとして冷凍食品に注目するようになった理由を説明しなさい。
　　　ただし，説明の時は冷凍食品の特徴にも触れること。

> お詫び：著作権上の都合により，掲載しておりません。
> 　　　ご不便をおかけし，誠に申し訳ございません。
> 　　　　　　　　　　　　　　　　　　　　　　教英出版

（村上信夫『帝国ホテル　厨房物語』による）
※一本やり＝ただ一つの手段を押し通すこと。一点ばり。　※ニチレイ＝日本の食品加工会社。

【総

問4 ——線部3「食の安全性」について，現在の日本では，生産者の顔や産地，個体識別番号などを記録として残しておく仕組みができています。このように，商品に問題が生じた時に，商品の生産や加工，流通の記録をさかのぼって調べることのできる仕組みのことを何といいますか。カタカナで答えなさい。

問5 文章中の B には，次の①～④の文が入ります。前後の文脈に合うように①～④をならべかえ，その順番を書きなさい。
① もちろん保存料が用いられていないからといって，毎日毎食を冷凍食品でまかなうようになれば，栄養バランスはくずれることだろう。
② しかし，それらは国の安全基準に基づいて厚生労働省の認可を受けたものだけが使用されている。
③ また，添加物には調味料や着色料，保存料などがあるが，これらのうち保存料は冷凍食品には用いられていない。
④ たしかに，冷凍食品などの加工食品には，添加物を使用したものも多い。

問6 ——線部4「バランスのとれた食事」について，食品の五大栄養素のうち，エネルギーになるものをすべて書きなさい。

問7 ——線部5「世界情勢」について，世界の平和と安全を守り，人々のくらしをよりよいものにするための機関として国際連合があります。国際連合には，目的に応じた様々な機関があり，日本を含む世界の国々が協力して活動していますが，現在ではその問題点が指摘されることもあります。次の資料は国際連合安全保障理事会で決議が採決されるための条件を記したもので，表は2022年2月25日に国際連合安全保障理事会で，決議が否決された時の各国の投票状況をまとめたものです。これらを参考に，現在の国際連合で指摘されている問題点とはどのようなものかを説明しなさい。

国連憲章のもとに、国際の平和と安全に主要な責任を持つのが安全保障理事会である。理事会は15カ国で構成される。常任理事国5カ国（中国、フランス、ロシア連邦、イギリス、アメリカ）と、総会が2年の任期で選ぶ非常任理事国10カ国である。各理事国は1票の投票権を持つ。手続き事項に関する決定は15理事国のうち少なくとも9理事国の賛成投票によって行われる。実質事項に関する決定には、5常任理事国の同意投票を含む9理事国の賛成投票が必要である。

【資料】(国際連合広報センター「安全保障理事会」による)

賛成	棄権	反対
フランス，イギリス，アメリカ，アルバニア，ブラジル，ガボン，ガーナ，アイルランド，ケニア，メキシコ，ノルウェー	中国，インド，アラブ首長国連邦	ロシア連邦

【表】各国の投票状況

Ｋ教英出版

2023 年度　聖ウルスラ学院英智小・中学校

中学校課程　前期入学選抜考査　総合問題II

問 題 用 紙

注　意

1　指示があるまで，この「問題用紙」を開いてはいけません。

2　この「問題用紙」には，表紙に続き，1 ページから 12 ページまで問題があります。「解答用紙」は 1 枚です。

3　「始め」の指示で，「解答用紙」に受験番号を書き，その後，「問題」に取り組みなさい。試験の時間は 60 分です。

4　解答はすべて「解答用紙」に書きなさい。「問題用紙」の空いているところは，自由に使ってかまいません。

5　円周率は 3.14 とします。

K 教英出版

【総合

問題は次のページから始まります。

1 次の問 1～3 に答えなさい。

問 1 次の計算をしなさい。

(1) $16 + 48 \div 8$

(2) $1\frac{11}{15} \times \frac{9}{16} - \frac{3}{28} \div \frac{2}{7}$

(3) $10.9 \times 1.57 - 8.9 \times 1.57$

(4) $(5.6 + 0.48) \div (2.59 - 2.21)$

問 2 次の □ にあてはまる数を求めなさい。

(1) □ $\times 14 - 38 = 172$

(2) 500 枚の厚さが 6cm のコピー用紙があります。このコピー用紙 1 枚あたりの厚さを求めると □ cm になります。

(3) ある書店で売っている 5000 冊の本について調べたところ，本全体のうちの 16％ が旅行関係の本でした。この書店で売っている旅行関係の本は □ 冊です。

(4) ある書店で 1 日あたりに売れた雑誌の冊数を 8 日間集計したら，それぞれ 26，31，43，47，42，27，30，□ 冊で中央値が 36 冊でした。

(5) 内のりがたて 50cm，横 70cm，深さ 90cm の水そういっぱいに水を入れると □ L の水が入ります。

(6) 明さんと英子さんと智志さんは 3 人であめ玉を分けました。明さんと英子さんのあめ玉の個数の比は 3：4 で，英子さんと智志さんのあめ玉の個数の比は 7：9 でした。英子さんのあめ玉の個数が明さんのあめ玉の個数より 21 個多いとき，智志さんのあめ玉の個数は □ 個です。

(7) 下の図の四角形 ABCD は正方形です。このとき，角⑦の大きさは□度です。

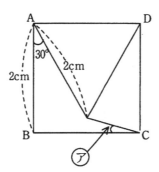

問3 下の図の四角形 ABCD は台形です。台形 ABCD の対角線 AC と BD の交わった点をEとします。このとき，三角形 ABE と三角形 DCE の面積が等しくなることを図や式，言葉を使って説明しなさい。

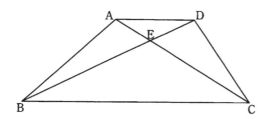

2 次の問1，2に答えなさい。

問1 水のすがたの変化を調べるために次の〔実験1〕，〔実験2〕を行いました。次の問いに答えなさい。

〔実験1〕
　　右の図のように，水と(a)ふっとう石を入れたビーカーを熱すると，(b)ある温度で水の中からさかんに泡が出始めた。

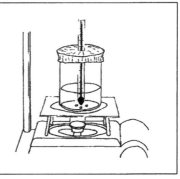

---

(1) 下線部(a)のふっとう石を入れる理由として正しいものを，次のア～ウから選び，記号で答えなさい。

　　ア　水をゆっくりとあたためるため。
　　イ　水の温度を下がりにくくするため。
　　ウ　急に泡がでることを防ぐため。

(2) 下線部(b)について，次の問いに答えなさい。
　① さかんに泡が出始めたときの温度はおよそ何℃ですか。

　② さかんに出る泡はおもに何ですか。次のア～ウから選び，記号で答えなさい。

　　ア　空気
　　イ　水蒸気
　　ウ　ふっとう石が気体に変化したもの

　③ その後も，ビーカーを熱し続けると水の温度はどのように変化しますか。正しいものを，次のア～ウから選び，記号で答えなさい。

　　ア　温度は上がり続ける。
　　イ　温度は下がり続ける。
　　ウ　温度は変わらない。

〔実験2〕

　右の図のように，試験管に入れた水を冷やすと，(c)ある温度で(d)水がこおり始め，しばらくすると水はすべて氷になった。

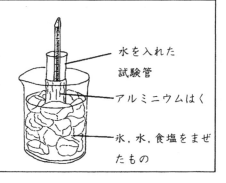

水を入れた試験管

アルミニウムはく

氷，水，食塩をまぜたもの

(3)　下線部(c)の温度はおよそ何℃ですか。

(4)　下線部(d)について，次の問いに答えなさい。

　①　水がこおり始めてからすべてこおるまでの水の温度はどのように変化しますか。正しいものを次のア〜ウから選び，記号で答えなさい。

　　　ア　温度は上がり続ける。
　　　イ　温度は下がり続ける。
　　　ウ　温度は変わらない。

　②　水がすべて氷になると，体積はどうなりますか。正しいものを，次のア〜ウから選び，記号で答えなさい。

　　　ア　体積は大きくなる。
　　　イ　体積は小さくなる。
　　　ウ　体積は変わらない。

問2　しま模様が見られるがけの観察を行いました。次の問いに答えなさい。

〔観察〕
　図1のように，A～Dの層が重なっており，X～Yのようなしま模様のずれが見られた。また，この付近では過去にしま模様が逆転するような大地の変動は起こっていない。

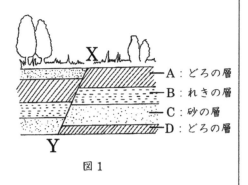

A：どろの層
B：れきの層
C：砂の層
D：どろの層

図1

(1)　図1のように，砂やれきなどのいろいろなつぶが層になって重なったものの名前を答えなさい。

(2)　図1のA～Dのうち，一番古い時代にできた層はどれですか。記号で答えなさい。

(3)　Bの層には角がとれて丸みをもっているれきが多くみられました。この層は何のはたらきでできたと考えられるか答えなさい。

(4)　Cの層から大昔の貝が見つかりました。次の①，②に答えなさい。
　　①　このように大昔の生き物のからだや生き物がいたあとなどが残った物を何といいますか。名前を答えなさい。

　　②　Cの層はどのようなところでできたと考えられるか答えなさい。

(5)　X～Yのずれを何といいますか。名前を答えなさい。

(6)　大地にX～Yのようなずれが生じると，ある現象が起きます。その現象を答えなさい。

問題は次のページに続きます。

3 次の問1～3に答えなさい。

問1 英子さんは，お父さんとニュースを見ながら話をしています。会話文を読んで次の問いに答えなさい。

英子：最近 "20年ぶりの円安ドル高" っていうニュースをよく聞くけど，円安ドル高の意味がちょっとわからないなあ。

お父さん：うん，確かに難しいね。外国の通貨と日本の通貨を交換するときに，同じ1ドルでも，交換できる金額は，実は毎日変わっているって知ってる？

英子：へぇ。じゃあ，例えば1ドルが100円で交換できた日の次の日に120円で交換できるようになると，円高になったってこと？

お父さん：いや，そうじゃないんだ。例えば，英子がアメリカに旅行に行って，そこで値段が8ドルの人形を買ったとしよう。1ドルが100円のとき，日本のお金にするとその人形は何円になる？

英子： ア 円。

お父さん：そうだね。じゃあ，今度は1ドル120円になると，その人形の値段は？

英子： イ 円。えぇ！同じ人形を買ったのに，なんだか損した気分だわ。

お父さん：そう。つまり，これは円がドルに対して安いという価値になるから，1ドル100円から120円に変わると，円安ドル高という言葉を使うんだ。

英子：なるほど。ちょっとわかってきたわ。アメリカのドルだけじゃなく，他の国とも，このようなお金の価値のやり取りがあるのよね。

お父さん：どんどん興味がわいてきたね。インターネットで検索すると，色々な国の通貨と日本の通貨の比較ができるぞ。ちょっと調べてみようか。

【いろいろな国の通貨と日本円の比較】

通貨（通貨単位）	外貨→円貨（円）
米ドル（1USD）	131
ユーロ（1EUR）	135
英ポンド（1GBP）	160

英子：うわぁ。おもしろい！この表から色々なことがわかるわね。今，アメリカの1ドルは日本のお金にすると131円かぁ。私の毎月のお小遣い3000円をドルに換えたら約 ウ ドルね。きりが悪いから30ドル分にお小遣い上げてくれないかしら。

お父さん：おっと，そうきたか！それは上げすぎじゃないか？元のお小遣いの金額より エ ％も値上がりしているぞ。

英子：じゃあ，この表を参考にして…毎月 オ ポンドでどう？1か月を30日間とすると，1日およそ107円だね。

(1) 会話文の ア ～ オ にあてはまる数を答えなさい。ただし，答えが小数になる場合は，小数第一位を四捨五入して整数で答えなさい。

(2) お父さんは，英子さんと弟に，日本円を外国の通貨に両替する経験をさせてみることにしました。そこで，2人にそれぞれ同じ金額のお金をわたし，銀行で好きな分だけカナダドル(単位は CAD)に両替するように伝えました。弟は 17CAD 分両替し，日本円は 1715 円残りました。一方，英子さんは 20CAD 分両替したので，残りは 1400 円となりました。両替してもらうための手数料は考えないものとし，次の①，②に答えなさい。

① 1CAD は何円でしたか。

② この日，お父さんが英子さんと弟にわたした金額は 1 人何円でしたか。

(3) カナダの紙幣は 5CAD，10CAD，20CAD，50CAD，100CAD の 5 種類あります。5CAD，10CAD，50CAD，100CAD の 4 種類のお札がそれぞれ 1 枚ずつあるとき，紙幣の一部または全部を使ってちょうど支払える金額は何通りありますか。

(4) 成田空港からカナダのバンクーバー国際空港まで飛行距離は 7500km です。成田空港を 8 月 4 日午後 5 時 55 分に出発し，バンクーバーには現地時刻で 8 月 4 日午前 10 時 15 分に到着しました。この飛行機の速さは，時速何 km ですか。日本とバンクーバーの時差は，16 時間とします。

問2　智志さんと英子さんは，園芸クラブに所属しています。会話文を読んで，次の問いに答えなさい。

英子：今日のクラブは，花だんの草むしりをするんだね。

　　　夏休みの間に，大分，雑草が増えたね。がんばって抜かないとせっかく植えた花が雑草に隠れて見えなくなりそう。

智志：この草は，大きいからなかなか抜けないんじゃないかな。抜いてみるね。

　　　あれ？僕が思っていたより簡単に抜けたよ。

英子：今度は私が抜いてみるね。小さいこの草だったらすぐに抜けるかな？

　　　わぁ～。全然抜けない！こんなに背丈の低い草なのにどうしてなかなか抜けないの？

先生：2人とも，根を見てごらん。

英子：あれ？根の形が全然違うね。

先生：よく気が付いたね。タンポポのように，主根といわれる根が地中深くまで伸びて，植物のからだ全体を支えているものとスズメノカタビラのように，ひげ根といわれる根で，根の数を増やすことで植物のからだを支えているものがあるんだよ。

智志：本当だ。さっき，僕が抜いたのはひげ根だから，根が地面の浅いところにあって，根の数を増やすことで自分のからだを支えていたんだね。

英子：ひげ根をよく見ると，まるでくもの巣のように見えるよ。

先生：よく観察できたね。植物の根には土にふれる面積を大きくするために細かい毛のようなものがあって，根毛と呼ばれる構造があるんだよ。

智志：人間のからだでいったら，毛細血管のようなものかな？

先生：そうだね。植物の根は，（　　Ａ　　）役割があるんだ。だから，細かな根を張りめぐらせることで，根が土にふれる面積を大きくしているんだ。

英子：植物の根ってすごいんだね。でも，こんなに細くても根がたくさんある方が土にふれる面積が大きくなるの？本当かな？

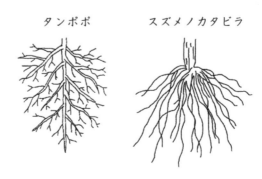

タンポポ　　　スズメノカタビラ

---

(1) 会話文中の(A)に入る言葉として適当なものを次のア〜エから1つ選び，記号で答えなさい。

　　ア　地面から水や肥料分をすいとり，からだを地面に固定する

　　イ　地面から水をすいとり，からだを地面に固定する

　　ウ　地面から肥料分をすいとり，からだを地面に固定する

　　エ　からだを地面に固定する

(2) 根を顕微鏡で観察してみると，根は円柱のような形に近いことがわかりました。そこで，2人は下線部の疑問を解決するために円柱の模型を使って，円柱の体積と表面積の関係を調べることにしました。次の問いに答えなさい。ただし，表面積は円柱の底面と側面の面積の和です。

表：円柱の体積と表面積との関係

円柱の底面の直径(cm)	1	4
円柱の高さ(cm)	10	10
表面積(cm²)	32.97	150.72
体積 (cm³)	7.85	ア
1cm³ あたりの表面積	4.2	イ

① 表のア，イにあてはまる数を答えなさい。

② 調べたことを下の文章のようにまとめました。文中の( )にあてはまる言葉を選び，○でかこみなさい。

　　1cm³ あたりの表面積を比べると，底面の直径が1cm の方が1cm³ あたりの表面積が（ 大きく・小さく ） なることから，細かい根がたくさんあれば土にふれる面積が増えることが考えられる。

問3 智志さんと英子さんは，葉について調べることにしました。会話文を読んで，次の問いに答えなさい。

智志：根についてはわかったのだけれど，葉について，いくつかわからないことがあるんだ。植物の葉は空気中の気体を出入りさせていると習ったけど，葉のどこでそれが行われているんだろう。

英子：(a)顕微鏡でムラサキツユクサの葉の表皮を見てみよう。

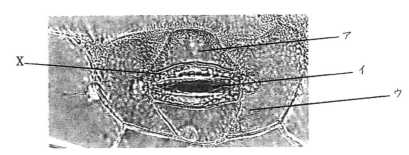

2人が見たムラサキツユクサの葉の表皮

智志：いくつかの(b)小さい部屋に分かれているね。

英子：部屋と部屋の間に(c)穴があるね。これが気体の出入りにかかわるのかな。

智志：Xの部分には緑色のつぶが見えるけど，これはなんだろう。

英子：先生に聞いたら，このつぶは(d)日光を受けて養分をつくるはたらきをする場所のようだよ。

智志：聞いたことがある！もう少し調べてみよう。

(1) 下線部(a)に関して，2人は，顕微鏡を使って葉を観察することにしました。顕微鏡の使い方について次の文の空らん（ ① ），（ ② ）に当てはまる言葉をそれぞれ語群から選び，答えなさい。（ ③ ）については当てはまる数を答えなさい。

顕微鏡は，直接日光の（ ① ）ところで，（ ② ）な場所において観察します。15倍の接眼レンズと40倍の対物レンズで観察すると（ ③ ）倍の倍率になります。

【語群】 当たる 当たらない 水平 でこぼこ

(2) 下線部(b)に関して，生き物のからだはこのような小さな部屋でしきられています。これを何といいますか。

(3) 下線部(c)に関して，2人が見たムラサキツユクサの葉の表皮に見られる穴はア〜ウのうちどれですか。会話文中の写真の中から記号を選び，答えなさい。

(4) 下線部(d)に関して，智志さんと英子さんは植物が養分をつくる際に，1時間に吸収する
二酸化炭素の量（二酸化炭素吸収量）と光の強さの関係についてのグラフを見つけました。グラフを見て，次の問いに答えなさい。

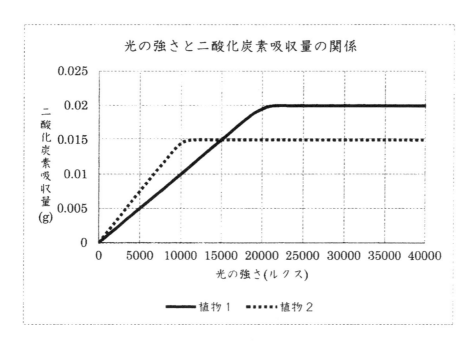

① 植物1に10000ルクスの光を当てたとき1時間に何gの二酸化炭素を吸収するか答えなさい。

② グラフから読み取れることとして適当なものを次のア〜エから1つ選び，記号で答えなさい。

  ア　植物は光がなくても二酸化炭素を吸っている。
  イ　光の強さが強くなりすぎると二酸化炭素吸収量が減る。
  ウ　光の強さが一定以上強くなると二酸化炭素吸収量は変化しない。
  エ　光の強さと二酸化炭素吸収量は関係がない。

③ 植物1と植物2を比べて，わかることや考えられることを次のア〜エから2つ選び，記号で答えなさい。

  ア　光が強いとき植物1は植物2に比べて二酸化炭素吸収量が大きい。
  イ　光が強いとき植物2は植物1に比べて二酸化炭素吸収量が大きい。
  ウ　植物1は植物2に比べて，日当たりの悪い環境でも早く育つことができる。
  エ　植物2は植物1に比べて，日当たりの悪い環境でも早く育つことができる。

             問題はこれで終わりです。

【総

2023年度　聖ウルスラ学院英智小・中学校

中学校課程　前期入学選抜考査　　英語

問　題　用　紙

注　意

1　指示があるまで，この「問題用紙」を開いてはいけません。

2　この「問題用紙」には，表紙に続き，1ページから5ページまで「問題」が
　あります。「解答用紙」は1枚です。

3　「始め」の指示で，「解答用紙」に受験番号を書き，その後，「問題」に取り組
　みなさい。試験の時間は30分です。

4　解答はすべて「解答用紙」に書きなさい。「問題用紙」の空いているところは，
　自由に使ってかまいません。

【リスニング】

1 ～ 3 はリスニングテストです。よく聞いて答えなさい。放送は全て2回流れます。

1 これから，アンナ（Anna）が「私のヒーロー」という題でスピーチをします。よく聞いて，(1)～(4)の内容が，スピーチの内容と合っていれば○，合っていなければ×を書きなさい。放送は2回流れます。

(1) アンナのヒーローは，彼女の母である。

(2) ステファニー(Stephanie)は，病院で働く医者である。

(3) ステファニーは，火曜日，水曜日，土曜日に働いている。

(4) アンナは，ステファニーと日曜日に卓球をする。

2 (1)～(4)の会話を聞き，それぞれの質問に日本語で答えなさい。会話は2回ずつ流れます。

(1) サオリ（Saori）は，夕食に何を食べたいと思っていますか。

(2) ケン（Ken）の好きな教科は何ですか。

(3) ジム（Jim）のTシャツは何色ですか。

(4) ジェス（Jess）は，海で何が見たいですか。

3 これから，ジョン（John）が夏休みについてスピーチをします。あとに流れる問いの答えとして最も適切なものをア～エの中から 1 つずつ選び，記号で答えなさい。スピーチを 1 回放送し，そのあとでその内容について(1)～(4)の質問を 1 回放送します。英文と質問はもう一度くり返し放送します。よく聞いて答えなさい。

(1) Where did John's family go this year?

   ア   To Nagano.

   イ   To the mountains.

   ウ   To a river.

   エ   To Aomori.

(2) How many cheeseburgers did John eat?

   ア   5 cheeseburgers.

   イ   3 cheeseburgers.

   ウ   2 cheeseburgers.

   エ   1 cheeseburger.

(3) Who can't eat meat?

   ア   John's father.

   イ   John's mother.

   ウ   John.

   エ   John's sister.

(4) Who went fishing?

   ア   John.

   イ   John and his mother.

   ウ   John's mother and father.

   エ   John and his father.

【筆記】

4 ～ 7 は筆記テストです。よく読んで答えなさい。

4 次の(1)～(3)の種類に当てはまる単語を,下の □□□□□□ の中から 2 つずつ
選び,その単語を書きうつしなさい。

(1) 数字

(2) 季節

(3) 形

thirteen	circle	spring	triangle	fifty	winter

5 (1)～(4)の会話文を読み,( ) 内に当てはまる最も適切な語をア～ウの中から選び,それぞれ記号で答えなさい。

(1) Momoko : What ( ) do you like?
Friend : I like melons because they are sweet.
ア fruit　　イ sports　　ウ color

(2) Mother : Mike, what do you want to ( )?
Mike : Orange juice, please.
ア touch　　イ drink　　ウ eat

(3) Nick : Look! It's my new ( ).
Friend : Wow. It looks so fast!
ア cap　　イ pen　　ウ bike

(4) Father : ( ) do you want to go?
Tomo : I want to go to the museum.
ア When　　イ Who　　ウ Where

二番。

(1)~(4)の会話を聞き、それぞれの質問に日本語で答えなさい。

会話は2回ずつ流れます。　　　　　　　5秒後　停止

（1）

A（女）: What do you want to eat for dinner, Saori?

B（女）: I want to eat pizza. How about you Tomo?

A（女）: I want to eat natto and rice.

　　　　5秒後　繰り返します。　　　5秒後　停止

（2）

A（男）: What subject do you like, Mei?

B（女）: I like Japanese. I like kanji.　How about you, Ken?

A（男）: I like English. I love reading books.

　　　　5秒後　繰り返します。　　5秒後　停止

（3）

A（男）: Dora, I like your blue dress.

B（女）:Thank you Jim.　I like your green pants, too. It's nice with your red T shirt.

A（男）: Thank you !

　　　　5秒後　繰り返します。　　　　5秒後　停止

（4）

A（男）: Where do you want to go on Sunday, Jess?

B（女）:　Let's go to the ocean, Dad!　I want to see a turtle.

A（男）: That's a good Idea.

　　　　5秒後　繰り返します。　　　5秒後　停止

三番。

これから, ジョン (John) が夏休みについてスピーチをします。

後に流れる問いの答えとして最も適切なものをア〜エの中から１つずつ選び, 記号で答えなさい。

スピーチを１回放送し, そのあとでその内容について(1)〜(4)の質問を１回放送します。

英文と質問はもう一度繰り返し放送します。

よく聞いて答えなさい。　　　　　　　　　　　　　　　　5秒後 停止

　　Hello! I'm John. I will talk about my summer vacation. My family likes nature very much. This year, we enjoyed camping in Aomori. On the first day, we went swimming in a lake and enjoyed a BBQ. My mother can cook very well. I ate two cheeseburgers, three chicken legs and five cookies. My mother ate bread and salad. She can't eat meat. The next day, I went fishing with my father. He got four big fish. I didn't catch a fish, but I had fun at the lake. My summer vacation was great! Next year, I want to go camping in Nagano. I want to see the beautiful mountains there.

　　　　　　　　　　　　　　　　5秒後停止

　　　　　　　　　　(1) Where did John's family go this year ?

<5秒後>　　　　　(2) How many cheeseburgers did John eat?

<5秒後>　　　　　(3) Who can't eat meat?

<5秒後>　　　　　(4) Who went fishing?

　　　　　　　　　　　　　　　　5秒後 停止

もう一度紹介文と質問を繰り返します。

これで、リスニングの問題を終わります。

2023 (R5) 聖ウルスラ学院英智中

K 教英出版　　　　　　　　　　　　　　　　　　　　【放送原

二〇二三年度　聖ウルスラ学院英智小・中学校　中学校課程

前期入学選抜考査　作文

問題用紙

注意

一　指示があるまで、この問題用紙を開いてはいけません。

二　作文の「問題用紙」には表紙に続き、「問題」があります。「解答用紙」は別に一枚あります。

三　「始め」の指示で、中を開いて、「解答用紙」に受験番号を書きなさい。その後、「問題」に取り組みなさい。　試験の時間は四十分です。

問題

クラスで話し合いを行い、何かを決めるときに、あなたはどのようなことが大切だと考えますか。あとの文章を読んだうえで、次の条件にしたがい、作文しなさい。

【条件】
① 本文の内容をふまえて、自分の体験を具体例としてあげながら書くこと。
② 字数は四百字以上五百字以内、構成は三段落、または四段落にすること。
③ 題名、名前は書かずに、一行目から書き始めること。
④ 原稿用紙の正しい使い方にしたがい、文字やかなづかいも正しく書くこと。

民主主義において最も重要な手続きは「多数決」です。なぜなら、多数決は民主主義で最終的に意思決定をする際に最も多く使われる手段だからです。

学校においては、クラスの委員選び、合唱コンクールの曲決めなど、多くの場面で多数決が行われるでしょう。国会で法律を制定する場合も、国民投票で憲法を改正する場合も、最終的には多数決で決めます。

でも、多数決は本当に正しいのでしょうか？

例えば、クラスで文化祭の出し物を決めるとします。学級委員が他の生徒の意向を無視して、勝手に出し物を決めたら不満が残るでしょう。しかし、だからといって、賛成・反対などのさまざまな意見があるのに、何も議論しないでいきなり多数決を取るという手続きは民主主義として正しいとは言えません。

最終的に多数決を取るにしても、少数派の意見ができる限り手続きの過程で反映されるようにするのが民主主義として大切だからです。

また、多数決といっても本当にわずかな差だったらどうでしょうか？例えば、四十人のクラスで多数決を取って、「賛成二十一、反対十九」だとしたら、賛成派が多数といっても反対派とほとんど数は変わらないのですから、両者の対立が深まってしまう可能性があります。

こうした多数決の※1弊害を※2是正するための手段として、例えば「全員一致」で意思決定する方法や、少数の代表者に一任する方法などがありますが、いずれの方法もやはり弊害があります（どんな弊害があるかは、ぜひみなさんで考えてみてください）。

国会においては、多数派が制定した法律で少数派の人権が脅かされることを防ぐため、裁判所に※3違憲立法審査権を持たせる制度があります。

民主主義は時間がかかる手段であり、健全に機能するためには参加者に一定の知識と判断力も求められます。多数決の弊害をよく理解した上で、多数決という手段を最終的に取ることが大切です。

※100点満点

3	※

問1．4点 問2．4点 問3．9点 問4．4点 問5．4点
問6．3 問7．12点

問1	A		C	
問2				
問3				
問4				
問5		→	→	→
問6				
問7				

受験番号	※

（名前は記入しないこと） （※の欄には記入しないこと）

問1	(1)	ア	イ	ウ		※
		エ	オ			
	(2)	① 円	② 円	(3) 通り		※
	(4)	時速 km				
問2	(1)	(2) ① ア	イ			※
	②	大きく ・ 小さく				
問3	(1)	①	②	③		※
	(2)	(3)				
	(4)	① g	②	③		

| 5 | (1) | | (2) | | (3) | | (4) | | | | 1点×4 |

6	(1)	?
	(2)	.
	(3)	?
	(4)	.

7	(1)	①		②		③	
	(2)	ア		イ		ウ	
	(3)	円	

2点×4

2点×3

1点×3

3点

100

20

受験番号

（名前は記入しないこと）

（評価基準非公表）

※

（※の欄は記入しないこと）

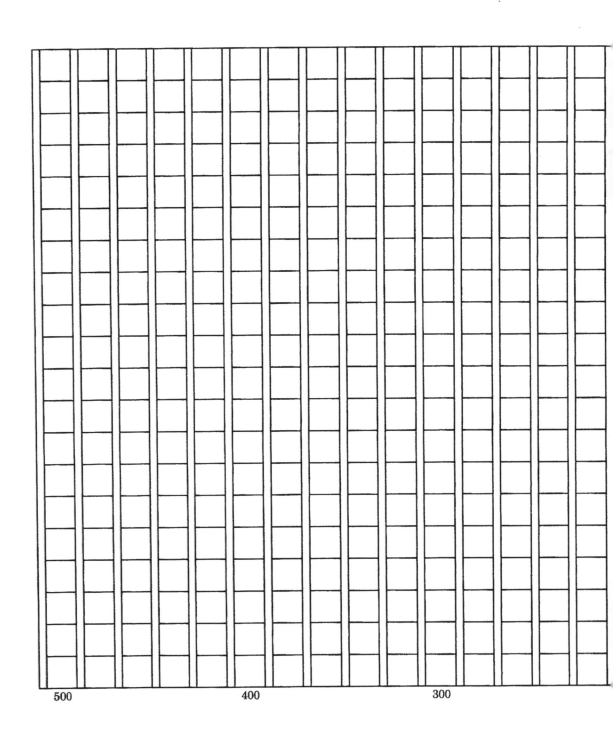

500 400 300

【解答用

2023年度 聖ウルスラ学院英智小・中学校 中学校課程
前期入学選抜考査　英語　解答用紙

※50点満点

受験番号

（※名前は記入しないこと）

※

（※の欄には記入しないこと）

1	(1)		(2)		(3)		(4)	

※ ☐ 1点 × 4

2	(1)		(2)	
	(3)		(4)	

※ ☐ 2点 × 4

3	(1)		(2)		(3)		(4)	

※ ☐ 2点 × 4

4	(1)	
	(2)	

【解答用

1

問1

(1)		(2)		(3)		※
(4)						

問2

(1)		(2)	cm	(3)	冊	※
(4)	冊	(5)	L	(6)	個	
(7)	度					

問3

※

2

問1

(1)		(2) ①	℃	②		③		※
(3)	℃	(4) ①		②				

問2

(1)		(2)		(3)		※
(4) ①			②			
(5)		(6)				

K 教英出版

【解答用

1 ※

2点×15

問1	(1)	みる	(2)		(3)		(4)	
問2	(1)				(2)			
問3	(1)		(2)		(3)			
問4	(1)		(2)		(3)			
問5	(1)		(2)		(3)			

2 ※

問1．(1)2点　(2)1点　(3)①2点　②1点　(4)2点　(5)1点
問2．(1)2点　(2)1点　(3)2点　(4)1点　(5)2点　(6)2点　(7)2点
問3．(1)2点　(2)2点　(3)1点×2　(4)①2点　②1点

問1	(1)		(2)	
	(3)	① ②	(4)	
	(5)			
問2	(1)	(2)	(3)	
	(4)	(5)	(6)	
	(7)			
問3	(1)	(2)		
	(3)	① ②		
	(4)	① ②		

K 教英出版
【解答用

1　弊害・・・害となる悪い事。害。

2　是正・・・悪い点を改めて正しくすること。

3　違憲立法審査権・・・制定された法律、憲法に適合するかどうかを審査し、有効か無効かを判断する権限。

（『大人になるってどういうこと？みんなで考えよう十八歳成人』神内聡　による）

2023年度前期英語問題スクリプト

※教英出版注
音声は，解答集の書籍ＩＤ番号を
教英出版ウェブサイトで入力して
聴くことができます。

2023 年度 聖ウルスラ学院英智小・中学校 前期入学選抜考査、英語 リスニングテスト

これから、リスニングテストを始めます。リスニングテストは１番から３番です。

問題用紙の「リスニング」と書いてあるページを開いてください。

必要があれば、問題用紙の空欄にメモを取っても構いません。

では、１番から始めます。　　　　　　　　　　　　　　　　　5秒後 停止

１

一番。

これから, アンナ (Anna) が「私のヒーロー」という題でスピーチをします。

よく聞いて (1)～(4)の内容が, スピーチの内容と合っていれば〇, 合っていなければ×を書きなさい。

放送は2回流れます。　　　　　　　　　　　　　　　　　5秒後 停止

Hi, my name is Anna.　Who is your hero?　My hero is my grandmother.　Her name is Stephanie.
She is a doctor at a hospital.　She can help many sick people.　She usually goes to work on
Tuesdays, Wednesdays and Thursdays.　She is kind and popular.　At home, she is very kind to me,
too.　She is good at sports.　She and I often play table tennis on Sundays.　I like her very much.

　　　　5秒後 停止

繰り返します。　5秒後 停止

6 (1)〜(4)の日本文に合う英文になるように，【　　　　　　】内の語をならべかえ，
正しい英文をつくりなさい。ただし，文頭の文字は大文字に書きかえなさい。

例　こちらはクミさんです。

【 Kumi / this / is 】．→　　This is Kumi.

(1)　そのケーキはいくらですか。

【 the cake / how / is / much 】？

(2)　彼女は科学者ではありません。

【 she / a scientist / not / is 】．

(3)　あなたはネコを飼っていますか。

【 you / have / do / cats 】？

(4)　2つのぼうしがテーブルの上にあります。

【 hats / the table / on / two / are 】．

7 タカシ（Takashi）が，家族で動物園に行ったことについてスピーチをしています。次の英文を読んで，以下の問いに答えなさい。

Hi, I'm Takashi. I'm eleven years old. I have a sister. She is six years old. On Friday, I went to the zoo with my mother, father and sister. At the zoo, we saw rabbits first because my sister said "I want to give carrots to the rabbits." They didn't have carrots, so we gave cabbage to the rabbits. We saw eight rabbits. Next, we saw four lions. Then we saw monkeys because monkeys are my favorite animal. We saw twelve monkeys. Then we went to an elephant park. My mother and father love elephants. We saw two elephants. We enjoyed the zoo.

・give 与える，あげる　　・gave 与えた，あげた　　・said 言った

(1) 次の（ ① ）～（ ③ ）に入る言葉をそれぞれ日本語で書きなさい。

タカシは家族と行った動物園で，最初に（ ① ）を見ました。なぜなら，タカシの妹が「（ ① ）に（ ② ）をあげたい。」と言ったからです。しかし，（ ② ）がなかったので，代わりに（ ③ ）をあげました。

(2) 下の表はタカシの妹が動物園で見た動物の数をまとめたものです。表中の（ ア ）～（ ウ ）に当てはまる日本語や数字を書きなさい。

動物	動物の数
ライオン	（ ア ）
（ イ ）	12
（ ウ ）	2

(3) 下の表は動物園の入場料金を記したものです。この表を参考にして、タカシたち４人が家族と動物園に入場するための合計金額を答えなさい。

Tickets		
0～6	years old	350 yen
7～12	years old	700 yen
13～	years old	1400 yen

問題はこれで終わりです。

K 教英出版

令和4年度　聖ウルスラ学院英智小・中学校

中学校課程　前期入学選抜考査　$\boxed{\text{総合問題Ⅰ}}$

$\boxed{\text{問　題　用　紙}}$

注　意

1　指示があるまで，この「問題用紙」を開いてはいけません。

2　この「問題用紙」には，表紙に続き，1ページから9ページまで「問題」が
あります。「解答用紙」は1枚です。

3　「始め」の指示で，「解答用紙」に受験番号を書き，その後，「問題」に取り組
みなさい。試験の時間は60分です。

4　解答はすべて「解答用紙」に書きなさい。「問題用紙」の空いているところは，
自由に使ってかまいません。

問題は次のページから始まります。

1　次の問1〜問5に答えなさい。

問1　次の (1), (2)の──線部の漢字をひらがなに, (3), (4)の──線部のカタカナを漢字にそれ
　　ぞれ直しなさい。送り仮名が必要な場合は送り仮名も書きなさい。
　　　(1)　内閣総理大臣のことを首相とも言う。
　　　(2)　そうじは輪番制で行う。
　　　(3)　明日はわたしのタンジョウビだ。
　　　(4)　貿易会社にツトメル。

問2　次の──線部分を尊敬語, もしくは謙譲語を用いた表現に書きかえなさい。ただし, 特別
　　な言い回しがある場合はそれを用いること。
　　　(1)　講師の方を会場に案内する。
　　　(2)　田中様, 13時に応接室に来てください。

問3　次の(1)〜(3)の四字熟語の意味を, あとのア〜カからそれぞれ1つずつ選び, 記号で答えな
　　さい。
　　　(1)　一期一会
　　　(2)　呉越同舟
　　　(3)　才色兼備

　　　┌─────────────────────────────────┐
　　　│　ア　仲の悪い者同士が同じ場所に居合わせること。　│
　　　│　イ　一度しかない出会いを大切にすること。　　　　│
　　　│　ウ　知識や経験などがすぐれていること。　　　　　│
　　　│　エ　多くの人の意見がいっちすること。　　　　　　│
　　　│　オ　女性が美しさと優れた才知を持っていること。　│
　　　│　カ　若くして自分の才能を発揮すること。　　　　　│
　　　└─────────────────────────────────┘

問4　次の文の二重線で示された主語に対する述語を, 文中のア〜カからそれぞれ1つずつ選び,
　　記号で答えなさい。

(1)　弟が ア夏休みの イ自由研究で ウ作った エロボットは オなかなかに カハイテクだ。
(2)　ア友だちを イ思いやる 中田さんこそ ウ私は エリーダーに オふさわしいと カ思った。

- 1 -

問5　次の文章は辞書の編纂者である松本先生と馬締が話し始める場面です。この文章を読み、
　　　あとの問いに答えなさい。

「馬締さん。『オックスフォード英語大辞典』や『康熙字典』を例に挙げるまでもなく、海外では
自国語の辞書を、国王の勅許で設立された大学や、¹ときの権力者が主導して編纂することが多い
です。だから、編纂に公のお金が投入される。」

「資金難にあえぐ我々からすれば、うらやましいことです。」

「本当に。なぜ、公金を使って辞書を編むのだと思いますか?」

　うどんをたぐるのをしばしやめ、馬締は答えた。

「自国語の辞書の編纂は、国家の威信をかけてなされるべきだ、という考えがあるからではないで
すか。言語は民族のアイデンティティの一つであり、国をまとめるためには、ある程度、言語の統
一と掌握が必要だからでしょう。」

「そのとおりです。翻って日本では、公的機関が主導して編んだ国語辞書は、皆無です。」

　松本先生はとろろそばを半分ほど残し、箸を置く。

（中略）

「しかしいまは、これでよかったのだと考えています。」

「どういうことですか?」

「公のお金が投入されれば、内容に口出しされる可能性もないとは言えないでしょう。　Ａ　、国
家の威信をかけるからこそ、生きた思いを伝えるツールとしてではなく、権威づけと支配の道具と
して、言葉が位置付けられてしまうおそれもある。」

「言葉とは、言葉を扱う辞書とは、個人と権力、内的自由と公的支配の狭間という、常に危うい場
所に存在するのですね。」

　馬締はこれまで、辞書の編纂作業に無我夢中で、辞書そのものが持つ政治的影響力については、
まるで考えが及んでいなかった。松本先生は静かに言った。

「ですから、たとえ資金に乏しくとも、国家ではなく出版社が、私人であるあなたやわたしが、こ
つこつと辞書を編纂する現状に誇りを持とう。半生という言葉ではたりない年月、辞書づくりに取
り組んできましたが、いま改めてそう思うのです。」

「²先生……。」

「言葉は、言葉を生みだす心は、権威や権力とはまったく無縁な、自由なものなのです。　Ａ　、
そうであらねばならない。自由な航海をするすべてのひとのために編まれた舟『大渡海』がそうい
う辞書になるよう、ひきつづき気を引き締めてやっていきましょう。」

　松本先生の口調は淡々としていたが、そこにひそむ情熱は、波のように馬締の胸に迫ってきたの
だった。

（三浦しをん『舟を編む』光文社文庫による）

【注】
○『オックスフォード英語大辞典』や『康熙字典』……いずれも辞典。
○勅許…天皇の許可。
○公…国家。
○威信…人に示す威厳と人から寄せられる信用や人望。
○掌握…自分の思い通りにすること。
○翻って…これとは反対に。
○内的自由と公的支配の狭間…言葉の持つ自由さと国家によってその内容が規定される間。
○『大渡海』…松本先生と馬締が作ろうとしている辞書の名前。

(1) ——線部1「ときの」の意味として適切なものを，次のア〜エから1つ選び，記号で答えなさい。

　　ア　昔の　　　イ　徳の高い　　ウ　ひかえめな　　　エ　その時代の

(2) 　A　に当てはまるつなぎの言葉を，次のア〜エから1つ選び，記号で答えなさい。

　　ア　また　　　イ　しかし　　　ウ　つまり　　　　エ　さて

(3) ——線部2「先生……」と馬締が言ったときの気持ちを説明したものとして適切なものを，次のア〜エから1つ選び，記号で答えなさい。

　　ア　松本先生の自分勝手な辞書作りの考え方に胸がすいている。

　　イ　松本先生の言葉を知りたいという強い願望におどろき，言葉が出てこなくなっている。

　　ウ　松本先生の誇りを持って辞書作りに取り組む姿勢に感動している。

　　エ　松本先生の辞書作りにかける熱意とプライドにとまどいを感じている。

2 次の問1〜問3に答えなさい。

問1 次の表を見て，あとの問いに答えなさい。

日本国憲法	・日本国憲法は，（ 1 ），平和主義，²基本的人権の尊重の3つを基本原理としている。 ・日本国憲法では，³天皇の地位や仕事についても定められている。
国の機関	・国の権力は，⁴国会，⁵内閣，裁判所の3つに分けられており，1つの機関に権力が集まることを防いでいる。この仕組みを三権分立という。
地方の政治	・地方の政治は，都道府県や市町村といった地方公共団体を単位として行われている。 ・地方公共団体は，法律の範囲内で（ 6 ）を定めることができる。

(1) 上の文章中の（ 1 ）にあてはまる最も適当な語句を漢字4字で答えなさい。

(2) ——線部2について，日本国憲法で国民の権利としてだけでなく，義務としても定められているものとして，最も適当なものを次のア〜エから1つ選び，記号で答えなさい。

　　ア 選挙で投票すること。　　イ 税金を納めること。
　　ウ 裁判を受けること。　　エ 仕事に就いて働くこと。

(3) ——線部3について，日本国憲法における天皇について，次の文章中の（　　　）にあてはまる語句を答えなさい。

　　　天皇は，日本の国や国民のまとまりの（　　　）である。

(4) ——線部4について，国会議員を選ぶときの選挙権は満何歳以上の国民に与えられていますか。次のア〜エから1つ選び，記号で答えなさい。

　　ア 16歳　　　イ 18歳　　　ウ 20歳　　　エ 25歳

(5) ——線部5について述べた次のA，Bの文の正誤の組み合わせとして，最も適当なものを，あとのア〜エから1つ選び，記号で答えなさい。

　　A 内閣の最高責任者である内閣総理大臣は，国務大臣を任命する。
　　B 内閣は立法権をもつ機関である。

　　ア A＝正，B＝正　　イ A＝正，B＝誤　　ウ A＝誤，B＝正　　エ A＝誤，B＝誤

(6) 上の文章中の（ 6 ）には，地方公共団体が独自に定めるきまりを意味する語句があてはまります。このようなきまりを何といいますか。漢字2字で答えなさい。

問2 年代の古い順に並べた次のA〜Eの文を読んで，あとの問いに答えなさい。

A 聖武天皇は，仏教の力で社会の不安をしずめて国を治めようと願い，国ごとに国分寺を建てた。
B 源頼朝は，朝廷から征夷大将軍に任じられ，鎌倉幕府を開いた。
C 織田信長は，長篠の戦いで鉄砲を有効に使った新しい戦法を用いて，武田軍を破った。
D 徳川家康は，全国の大名を支配するために，大名の配置を工夫した。
E 徳川慶喜は，薩摩藩・長州藩を中心とする新政府軍に対して戊辰戦争を起こした。

(1) Aについて，聖武天皇は全国の国分寺の中心である東大寺に大仏を建てました。その際に，
大仏づくりに協力した僧の名前を答えなさい。

(2) Bについて，右の資料は源頼朝の妻である北条政子が，ある争
乱が起こった際に御家人に対してうったえたものです。これにつ
いて次の①・②に答えなさい。

> 頼朝どのが平氏をほろぼし幕府を開いてから，そのご恩は，山よりも高く，海よりも深いほどです。ご恩に感じて名誉を大切にする武士ならば，よからぬ者をうちとり，幕府を守ってくれるにちがいありません。

① このうったえが行われたのは何という争乱がおきたときです
か。次のア〜エから1つ選び，記号で答えなさい。

　ア 応仁の乱　イ 島原の乱　ウ 承久の乱　エ 壬申の乱

② 資料中の「ご恩」に対して，御家人が幕府に何かあれば「いざ鎌倉」とかけつけ，戦うこと
をちかったことを何というか答えなさい。

(3) Cについて，鉄砲はポルトガルより日本にもたらされました。この当時，日本はポルトガル
やスペインとの貿易により大きく栄えましたが，この貿易を何というか答えなさい。

(4) Dについて，江戸幕府は大名の取りしまりだけではなく，キリスト教の取りしまりも行いま
した。その政策の1つで，キリスト教を広めるおそれのないオランダと中国に限り，貿易船の
出入りを，幕府の港町である長崎に限って認めた政策を何というか答えなさい。

(5) Eについて，新政府軍が勝利を収め，明治天皇の名で新しい政治方針を定めました。これを
何といいますか。次のア〜エから1つ選び，記号で答えなさい。

　ア 五箇条の御誓文　　イ 御成敗式目　　ウ 律令　　エ 武家諸法度

(6) 次の文章は上のA〜Eのどこに入りますか。次のア〜エから1つ選び，記号で答えなさい。

> 伊能忠敬は日本全国を測量して歩き，日本地図を作成しました。

　ア AとBの間　　イ BとCの間　　ウ CとDの間　　エ DとEの間

問3　次の地図を見て，あとの問いに答えなさい。

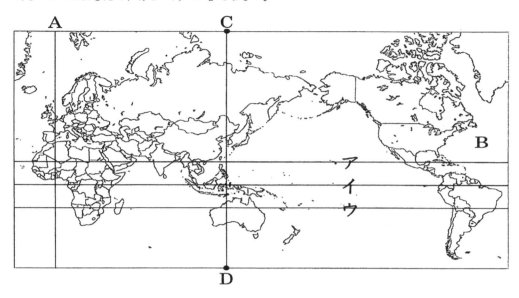

(1)　地図中のア～ウのうち，赤道を示しているものはどれですか。ア～ウから1つ選び，記号で
　　答えなさい。

(2)　経線について，次の文章を読んであとの①・②に答えなさい。

> 　地図中のAは、経度0度の経線を示しており、この経線は、イギリスの（　あ　）を通っ
> ています。この経線よりも東を東経，西を西経と表し，東経と西経はそれぞれ（　い　）度ず
> つあります。

　①（　あ　）にあてはまる都市名を次のア～エから1つ選び，記号で答えなさい。

　　　ア　カイロ　　イ　パリ　　ウ　ロンドン　　エ　シドニー

　②（　い　）にあてはまる数字として，最も適当なものを，次のア～エから1つ選び，記号で
　　答えなさい。

　　　ア　90　　イ　180　　ウ　270　　エ　360

(3)　地図中のBは，三大洋の1つを示しています。この大洋の名前を答えなさい。

(4)　次の文章を読んで，（　①　）・（　②　）にあてはまる大陸名をそれぞれ答えなさい。

> 　地図中のC地点からD地点に向かってまっすぐ進むと，2つの大陸を通ります。まず，
> （　①　）を通り，次に（　②　）を通ります。

3 次の文章を読んで，あとの問いに答えなさい。

2021年7月27日，北海道・北東北の縄文遺跡群が世界文化遺産に登録された。外務省の報告によれば，現在日本で世界遺産に登録されているものの数は，23にものぼる。代表的なものとしては，1姫路城や屋久島，白神山地，富士山，富岡製糸場と絹産業遺産群などが挙げられる。北海道・北東北の縄文遺跡群は，日本で24番目の世界遺産となった。

北海道・北東北の縄文遺跡群には，三内丸山遺跡が含まれる。三内丸山遺跡は，42ヘクタールという，　A　の広さを持つ。この集落では，縄文時代に定住生活が営まれた。遺跡からは，竪穴建物跡や縄文土器，マメなどの栽培植物，黒曜石なども出土しているそうだ。それまで縄文時代は移住が中心と考えられていたが，これらの出品により，人々がある一定期間は定住していたということがわかった。人間の社会が2狩猟社会から農耕社会へと移行していく，その境目の遺跡といえるかもしれない。

ところで，人間の暮らす社会構造の変化は，狩猟から農耕で終わったわけではない。農耕から工業，工業から3情報，そして現在は情報から新しい社会へと，我々の社会構造は変化を繰り返してきた。そうした中で，1つ1つの社会構造の変化の速度はどんどんはやくなっている。その中では，これまで当たり前と思っていたことが，それこそ劇的に変化することもあるだろう。　B　，「スマートフォン」もその1つだ。以前は，電話の用途は通話のみだったが，スマートフォンでは，アプリさえ入れれば個人によって必要な機能を付け加えることができ，さらには財布の代わりにもなる。

人類は歴史上，常に何らかの問題を抱えてきた。しかし，そのたびに様々な英知を結集し，発想を転換しながら，その解決に努めてきた。そうした発想の転換を4パラダイムシフトという人もいる。今後も問題は次々と起こり，その中ではこれまでにない難題に直面することもあるだろう。そのとき重要になるのは，自分なりの問題意識を持つことだ。当たり前のことを当たり前に受け取るのではなく，常に「なぜ」という視点を持ち，課題を解決する姿勢を持つこと，　C　，変化を拒否するのではなく，受け入れていく姿勢を持つことが，新たな社会を迎える我々に必要とされることなのではないだろうか。

問1　――線部1「姫路城や屋久島，白神山地，富士山，富岡製糸場と絹産業遺産群」となりますが，これら5つのうち，最も北にあるものと，最も南にあるものとを直線で結んだとき，その距離は，次のうちどれに最も近いものになりますか。次のア～エから1つ選び，記号で答えなさい。

ア　札幌市と那覇市との間の距離
イ　札幌市と福岡市との間の距離
ウ　青森市と山口市との間の距離
エ　青森市と仙台市との間の距離

問2　本文中の　A　には，「全体の中で最もすぐれた部分」という意味を持つ故事成語が入ります。　A　にあてはまる故事成語を，漢字2字で答えなさい。

問3 ——線部2について、「狩猟社会から農耕社会へ」と変化すると、争いが起きるようになります。それはなぜですか。次の表を参考に、その理由を書きなさい。

	縄文時代	弥生時代
建物	たて穴住居	たて穴住居，高床倉庫，物見やぐら
道具	弓矢，石斧，ナイフ，もり	くわ，すき，石包丁，うす
土器	・縄目の文様 ・厚くてもろい ・かざりが多くて複雑	・もようが少ない ・うすくてかたい ・シンプルなかたち
風習	自然に感謝しつつおそれる	豊作をいのる祭りが行われる

問4 文中の B ， C にあてはまるつなぎの言葉を、次のア〜エからそれぞれ1つずつ選び、記号で答えなさい。

    ア だから   イ つまり   ウ しかし   エ たとえば

問5 ——線部3「情報」について、住民票のあるすべての人に対して12けたの番号を付け、社会保障や税金、災害対策の分野で効率的に情報を管理するための制度が2016年から始まりました。この制度のことを何というか答えなさい。

問6 ——線部4「パラダイムシフト」について、次の(1)，(2)に答えなさい。

(1) 本文における「パラダイムシフト」の内容として適切なものを、次のア〜エから1つ選び、記号で答えなさい。

    ア 社会構造の変化が繰り返し起きること。
    イ 社会構造の変化の速度が早くなること。
    ウ これまで当たり前と思っていたことが劇的に変化すること。
    エ これまでに経験したことのないような問題に直面すること。

(2) 本文における「パラダイムシフト」の例として適切なものを、次のア〜エから1つ選び、記号で答えなさい。

    ア オンライン授業が可能になったことで、登校せずに授業を受けられるようになった。
    イ 働き方改革が実施されたことで、誰もが労働の意味を考えるようになった。
    ウ インターネットが普及したことで、世界中のどこにでも行けるようになった。
    エ デジタル教科書の利用が進んだことで、1人1人がタブレット端末を持つようになった。

問7　次の図は，内閣府が作成した"Society5.0"についての図です。またあとの表は，各年代で，日本で起きたできごとを表したものです。この図と表を参考にして，本文で述べられている「1つ1つの社会構造の変化の速度はどんどんはやくなっている」という言葉について，なぜそのように言えるのかを説明しなさい。ただし，図の中の狩猟，農耕，工業，情報は，それぞれ狩猟社会，農耕社会，工業社会，情報社会として考えて良いものとします。

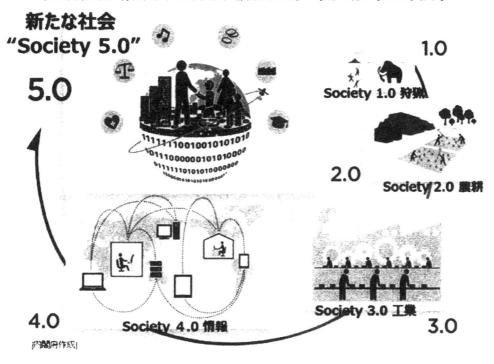

時期	できごと
紀元前3900年ころ～2200年ころ	三内丸山遺跡で定住生活が営まれる
239年	卑弥呼が魏から金印を受け取る
645年	大化の改新が始まる
701年	山上憶良が唐に派遣される
1017年	藤原道長が太政大臣になる
1167年	平清盛が太政大臣になる
1397年	足利義満が金閣を建てる
1590年	豊臣秀吉が全国を統一する
1641年	平戸のオランダ商館を出島に移す
1902年	日本がイギリスと同盟を結ぶ
1920年	日本が国際連盟に加入する
1970年	公害国会が開かれる
1996年	「Yahoo!JAPAN」日本語版がサービスを開始する
2008年	日本で「iPhone3G」が発売される

K 教英出版

令和4年度　聖ウルスラ学院英智小・中学校

中学校課程　前期入学選抜考査　総合問題Ⅱ

問　題　用　紙

問題は次のページから始まります。

$\boxed{1}$ 次の問 1〜3 に答えなさい。

問1 次の計算をしなさい。

(1) $17+3\times6$

(2) $1\dfrac{7}{8}\times\left(\dfrac{3}{10}-\dfrac{1}{4}\right)$

(3) $3.7\times26.3+3.7\times3.7$

(4) $3.9\div\left(\dfrac{7}{15}+0.4\right)\div2$

問2 次の $\boxed{}$ にあてはまる数を求めなさい。

(1) $\boxed{}\times5-15\div5=27$

(2) 去年使った灯油は 215L でした。今年使った灯油は $\boxed{}$ L で，これは去年使った灯油の120％にあたります。

(3) さとしさんの 5 回の算数のテストの平均は 75 点で，1 回めから 3 回めまでの平均は 73 点でした。4 回めと 5 回めの点数の平均は $\boxed{}$ 点です。

(4) さとしさんと妹は，2 人でクッキーを $\boxed{}$ 個作りました。はじめに同じ数ずつ分けましたが，さとしさんは妹にクッキーを 4 個あげたので 2 人のクッキーの個数の比は 2：3 になりました。

(5) 3 分で15mm 燃えるろうそくがあります。2.4cm のろうそくは $\boxed{}$ 分 $\boxed{}$ 秒で燃えつきます。

(6) 2 を 4 回かけると 16 で一の位の数は 6 です。2 を 2023 回かけると一の位の数は $\boxed{}$ です。

(7) 右の図は半径8cmの円と，頂点が円周上にある正方形を組み合わせた図です。このとき，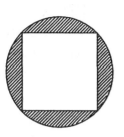の部分の面積は ☐ cm² です。

問3 下の図1の六角形の印をつけた角の和を，図2を用いて式をつくり求めなさい。またどのように考えたのかを説明しなさい。

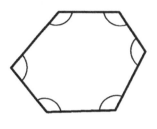

図1

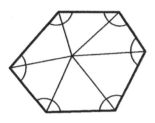

図2

2 次の問1，2に答えなさい。

問1 てこのはたらきについて，次の問いに答えなさい。

(1) 図1はてこを利用しておもりを持ち上げているところを表していて，てこは水平になっています。

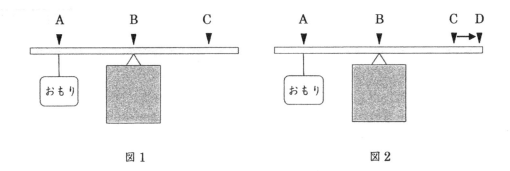

図1　　　　　　　　　　　　　　　　図2

① 図1のA〜Cは，てこの3点を表しています。これらの点のうち，作用点を表しているのはどれですか。A〜Cから1つ選び，記号で答えなさい。

② 図2のように，図1のA点とB点の位置はそのままで，C点の位置をD点に動かして，てこを水平に保ちました。D点に加える力の大きさは，C点に加えた力の大きさと比べてどうなりますか。次のア〜ウから1つ選び，記号で答えなさい。

　　　ア　大きくなった。　　　イ　小さくなった。　　　ウ　変わらなかった。

(2) 図3のような実験用てこを使って，てこのつり合いを調べる実験をしました。

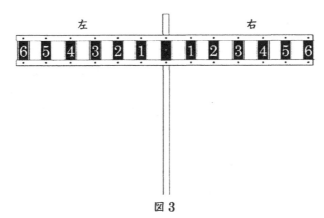

図3

① 図3のてこの，左のうでの2番に10gのおもりを3個つるしました。10gのおもりを1個つるしてつり合わせるには，右のうでの何番につるせばよいですか。

② 図3のてこの，左のうでの5番に15gのおもりをつるしました。右のうでの3番におもりをつるしてつり合わせるには，何gのおもりをつるせばよいですか。

(3) 図4はてこを利用した道具(ピンセット)を表しています。次の問いに答えなさい。

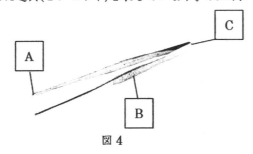

図4

① 図4のA〜Cは，てこの3点を表しています。これらの点のうち，支点を表しているのはどれですか。A〜Cから1つ選び，記号で答えなさい。

② 次の文章は図4の道具について説明した文章です。文中のa，bにあてはまる語句を( )の中から選び，それぞれ記号で答えなさい。

> 支点から力点までのきょりより，支点から作用点までのきょりがa(ア 長い イ 短い)。このため，作用点に加わる力が，力点に加えた力よりb(ウ 大きく エ 小さく)なるので，力が調整しやすく，細かい作業を行いやすい。

問2 インゲンマメの発芽の条件を調べるために，実験1と実験2を行いました。次の問い
　　に答えなさい。

〔実験1〕
　　インゲンマメの種子を6つ用意して，A〜Fの名前を付けた。そして，A〜Fのイ
　ンゲンマメの種子が水，肥料，光，空気，温度の条件を変えて発芽するかどうか
　を調べた。表1はそれぞれの種子の条件をまとめたものである。

	水	肥料	光	空気	温度
A	○	×	×	○	20℃
B	○	×	×	×	20℃
C	○	×	×	○	5℃
D	○	○	×	○	20℃
E	○	×	○	○	20℃
F	×	×	×	○	20℃

○：あたえる　　×：あたえない

表1

〔実験2〕
　　インゲンマメの種子の中にふくまれる養分を調べるために，インゲンマメの種子
　にヨウ素液をかけたところ，色が変化した。

(1) 次の①〜③を調べるためには，どれとどれの結果を比べるとよいですか。表1の
　　A〜Fからそれぞれ2つずつ選び，記号で答えなさい。
　① 発芽に空気が必要かどうか。
　② 発芽に肥料が必要かどうか。
　③ 発芽に水が必要かどうか。

(2) 表1のA〜Fのうち，発芽したものを3つ選び，記号で答えなさい。

(3) 実験2では，インゲンマメは何色に変化しましたか。次のア〜エから1つ選び，記号
　　で答えなさい。

　　ア　緑色　　　イ　茶色　　　ウ　青むらさき色　　　エ　黄色

(4) ヨウ素液によって，インゲンマメの種子にふくまれていることがわかる養分の名称を
　　答えなさい。

【総

令和4年度　聖ウルスラ学院英智小・中学校

中学校課程　前期入学選抜考査　英語

問　題　用　紙

注　意

1　指示があるまで，この「問題用紙」を開いてはいけません。

2　この「問題用紙」には，表紙に続き，1ページから5ページまで「問題」が
　あります。「解答用紙」は1枚です。

3　「始め」の指示で，「解答用紙」に受験番号を書き，その後，「問題」に取り組
　みなさい。試験の時間は30分です。

4　解答はすべて「解答用紙」に書きなさい。「問題用紙」の空いているところは，
　自由に使ってかまいません。

問題は次のページから始まります。

【リスニング】

1 ～ 3 はリスニングテストです。よく聞いて答えなさい。放送は全て 2 回流れます。

1 これから，ケイコ（Keiko）が小学校での思い出についてスピーチをします。よく聞いて，(1)～(4)の内容が，スピーチの内容と合っていれば〇，合っていなければ×を書きなさい。放送は 2 回流れます。

(1) ケイコは 5 年生のとき，スキーをするために山形へ行った。

(2) スキー旅行は 3 日間だった。

(3) スキー旅行初日の天気は晴れだった。

(4) ケイコはスキーが上手である。

2 (1)～(4)の会話を聞き，それぞれの質問に日本語で答えなさい。会話は 2 回ずつ流れます。

(1) アヤ（Aya）が日曜日にしたいことは何ですか。

(2) ニンジンの合計金額は何ドルですか。

(3) ケン（Ken）が好きな教科は何ですか。

(4) トシヤ（Toshiya）が昨日行った場所はどこですか。

二番。

(1)～(4)の会話を聞き,それぞれの質問に日本語で答えなさい。

会話は2回ずつ流れます。 | 5秒後 停止 |

（1）

A（女）： What do you want to do on Sunday, Ryo?

B（男）： I want to play soccer. How about you, Aya?

A（女）： I want to do my homework. | 5秒後 停止 |

　　　5秒後　繰り返します。

（2）

A（女）: I want some carrots. How much is it?

B（女）: It is two dollars for one carrot.

A（女）: OK. Three carrots please. | 5秒後 停止 |

　　　5秒後　繰り返します。

（3）

A（男）: What subject do you like, Mei?

B（女）: I like P.E. I like sports very much. How about you, Ken?

A（男）: I like arts and crafts. I like drawing pictures very much.

　　　5秒後　繰り返します。 | 5秒後 停止 |

（4）

A（女）: Where did you go yesterday, Toshiya?

B（男）: I went to the library. I read many books.

A（女）: I like reading books, too. I went to the museum. I saw a big T-rex.

　　　5秒後　繰り返します。 | 5秒後 停止 |

3

三番。

これから, Kevin (ケビン) が週末の過ごし方についてスピーチをします。

後に流れる問いの答えとして最も適切なものをア～エの中から１つずつ選び, 記号で答えなさい。

スピーチを１回放送し, そのあとでその内容について(1)～(4)の質問を１回放送します。

英文と質問はもう一度繰り返し放送します。

よく聞いて答えなさい。　　　　　　　　　　　　　　　5秒後 停止

Hi. I'm Kevin. I will talk about my weekends. I get up at eight and have breakfast with my famil

We often eat bread, and salad. We have some drinks too. My father likes coffee. My brother like

orange juice. I like apple juice. Then, I do my homework. I like studying math. In the afternoon,

often go to the park. I play soccer with my friends there. My friends, Paul and James are good o

kicking a ball. I can run fast. Soccer is exciting! In the evening, my mother and I cook dinne

together. It's fun!　　　　　　　　　　　　　　5秒後停止

(1) What do Kevin and his family often eat for breakfast?

<5秒後>　　　(2) What is Kevin's favorite drink?

<5秒後>　　　(3) What is Kevin's favorite subject?

<5秒後>　　　(4) Who can kick a ball well?

　　　　　　　　　　　　　　　　　　5秒後 停止

もう一度紹介文と質問を繰り返します。

これで、リスニングの問題を終わります。

令和四年度　聖ウルスラ学院英智小・中学校　中学校課程

前期入学選抜考査　作文

問　題　用　紙

聖ウルスラ学院英智中

あなたは、学校生活を送るうえでどのようなことが大切だと考えますか。あとの文章を読んだうえで、次の条件にしたがい、作文しなさい。

【条件】①本文の内容をふまえて、自分の体験を具体例としてあげながら書くこと。

②字数は四百字以上五百字以内、構成は三段落、または四段落にすること。

③題名、名前は書かずに、一行目から書き始めること。

④原稿用紙の正しい使い方にしたがい、文字やかなづかいも正しく書くこと。

時間とはなんでしょう。哲学的な問いかけでもあるし、物理学の問題でもあります。しかし、私たちは普段の生活の中で、そんなに難しいことは考えず、社会的な約束ごとのひとつというふうに思い、「あしたの夕方四時にいつものところで会おう」などと言います。四時という時刻はひとつの印です。そして、皆同じ印を持っていて、あなたの友人の四時とあなたの四時とは、同じ時間の流れの中につけられた印であって、時の流れの速度も同じなら、印づけられる場所も同じです。だからこそ、社会はスムーズに動いているといえます。

しかし、次のような場面では、時間はまったく異なる意味を持ちます。ある人が身体の調子が悪くて病院へ行き、さまざまな検査のあと診察室で、お医者さんが「お気の毒ですが、あなたは、たいへん重い病気にかかっていて、どんなに長くても、あと四か月の生命が残っていません。残りの人生を、あなたにとって有意義に過ごしてください」と言ったとします。それからその人にとっての時間は、常に引き算であり、しかも、引かれる数は一定であっても、休むことなく引かれていく、そのようなものとして意識されます。「残っているのは、あと何か月と何日と何時間と何分と何秒」というように。しかも、そのように数えている間にも絶えず引き算は行われ、残された数字はどんどん少なくなっていくのです。その人にとっての時間は、他の人にとっての時間の流れとは異なる速度で流れていきます。なによりも「時間」の質が異なるでしょう。

予告された死の時は、社会的な約束事としての刻み目ではなく、その人にとっては、それはすべての終わり、その人にとっての世界の終わりです。自分が死んだあとも、自分の家族も、恋人も、友人も、世界の大部分が生き続けるのであり、世界は存在し続けることはわかっていても、その人にとっては、その世界が存在しないのと同じであり、まさに「この世の終わり」です。

これほど劇的に自分の死が予告されなくても、自分の死がそれほど遠くないことに気づいた時に人は、自分にとっての時間と、他の人たちにとっての時間とは別種の時間が存在すると感じるようになります。

この場合には、時間は、はるかかなたから流れてきて、永遠のかなたに流れていく、そのような

課程　前期入学選抜考査　　**総合問題Ⅰ**　解答用紙

※100点満点

3	※

受験番号

※

（名前は記入しないこと）（※の欄には記入しないこと）

問1	
問2	

問1．4点　問2．3点　問3．9点　問4．6点　問5．3点
問6．4点×2　問7．10点

問3	

問4	B　　　　　C
問5	

問6	(1)	
	(2)	

問7	

前期入学選抜考査 総合問題Ⅱ 解答用紙　　　　　　　（配点非公表）

受験番号
（名前は記入しないこと）

※
（※の欄には記入しないこと）

※

問1

(1)		枚以上		枚以下	
(2)	①	通り	②	通り	(3)	枚

(4)	ア		イ		ウ	
	エ		オ			

(5)	時速　　　　km	(6)	秒

※

問2

3

| (1) | | | | | | |

| ① | | | | ② | |

(2)

③

| 大型の海藻 → ウニ → ラッコ |
| 植物プランクトン → 動物プランクトン → 貝類 |

④

| (3) | | | | |

| (4) | ① | 個 | ② | 個 | ③ |

5	(1)		(2)		(3)		(4)			

1点 × 4

6	(1)	.
	(2)	.
	(3)	?
	(4)	.

※ 2点 × 4

※ 2点 × 4

7	(1)	ア	月	イ	月	ウ	日間	エ	

(2)

They can see many lanterns [

].

※ 2点

	(3)	①		②	

※ 1点 × 2

受験番号

（名前は記入しないこと）

（配点非公表）

※

（※の欄は記入しないこと）

100

20

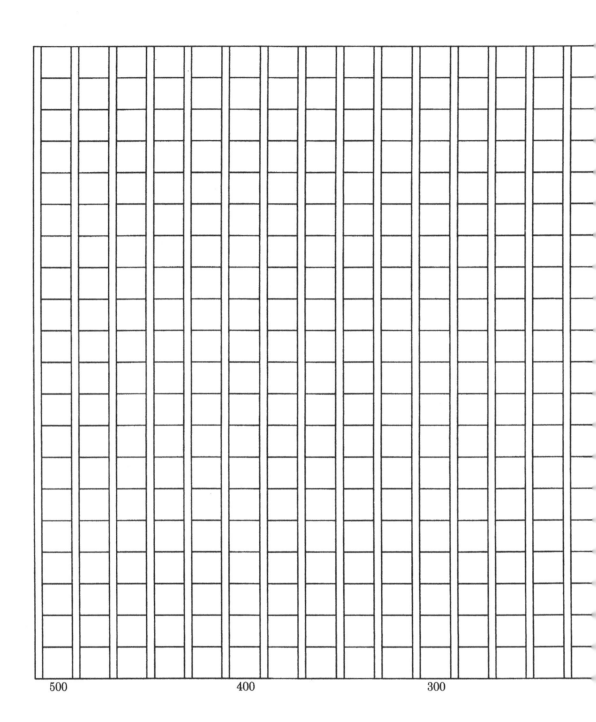

500　　　　　　　　　　400　　　　　　　　　300

【解答

令和4年度 聖ウルスラ学院英智小・中学校 中学校課程
前期入学選抜考査 英語 解答用紙

※50点満点

受験番号	※

（※名前は記入しないこと）　　（※の欄には記入しないこと）

1	(1)		(2)		(3)		(4)	

※ 1点×4

2	(1)				(2)	ドル
	(3)				(4)	

※ 2点×4

3	(1)		(2)		(3)		(4)	

※ 2点×4

4	(1)	
	(2)	

1

問1

(1)	(2)	(3)	※
(4)			

問2

(1)	(2) L	(3) 点	※
(4) 個	(5) 分 秒		
(6)	(7) cm^2		

問3

[式と説明]

角の和： 度

※

2

問1

(1) ① ②	(2) ① 番 ② g	※
(3) ① ② a b		

問2

(1) ① ② ③	※
(2) (3) (4)	

【解答

1 ※

2点×14

問1	(1)		(2)		(3)		(4)	
問2	(1)				(2)			
問3	(1)		(2)		(3)			
問4	(1)		(2)					

問5	(1)	
	(2)	
	(3)	

2 ※

問1．(1), (3), (6) 2点×3　(2), (4), (5) 1点×3
問2．(1), (2)②, (3), (4) 2点×4　(2)①, (5), (6) 1点×3
問3．(1), (2) 1点×3　(3), (4) 2点×3

問1	(1)		(2)		(3)	
	(4)		(5)		(6)	

問2	(1)		(2) ①		②	
	(3)		(4)		(5)	
	(6)					

問3	(1)		(2) ①		②	
	(3)		(4) ①		②	

K 教英出版

【解答

ものとして、イメージされています。同じ時は二度と訪れてはこないのです。

しかし、私たちは別の種類の時間のイメージも持っています。それは、ある一定の間隔で、まったく同じ時間が再びめぐってきて、そして、そのくりかえしが永遠に続くというイメージです。

そのような時間のイメージをよく示すものが年中行事です。ある時刻から数え始めて、一定の長さが過ぎると、そこではまったく同じ種類の時間が流れているというイメージです。元旦は一年の始まりであり、十二月三十一日は一年の終わりです。正月には、一日（元旦）、二日、三日、七日、十五日それぞれに行うべき行事があり、その行事が、かつてはあまりにも大切なものとみなされていたので、その行事をすまさないと、まるでその時間が流れてこないかのように考えられていました。「煤はきをしないと正月がこない」「餅つきをしないと正月がこない」「盆道を切って墓掃除をしないと盆がこない」ということを、現在生きていれば百歳になる人たちは、本気で考えて、一生を過ごしていたといえます。

「煤はき」とは、一年に一回の家の隅から隅まで行う大掃除のことです。昔はいろりやかまどで火を燃やしたので、天井や天井裏に多量の煤がつきました。それを竹ぼうきなどで払い落としたので、一家中の人が一日がかりで行う大掃除でした。「盆道を切る」というのは、その家で亡くなったおじいさんやおばあさん、そのまた親や、またまた親たちの魂は山の上にいて、そこから日頃は子孫の暮らしを見ているが、盆には家へ戻ってくる、そのための道づくりのことです。具体的には、自分の家に近い山の、ある高さまで、ふもとから草を切っておくことでした。

春の彼岸、秋の彼岸（それぞれに春分の日と秋分の日をはさんだ一週間をいう）、三月三日のひなの節句、五月五日の端午の節句などには、神さま仏さまに供える品物、作る料理、家のしつらえ（家の建具や飾り物などで、家屋の内部の様子を変えること）がそれぞれに決まっていて、人びとの生活のリズムは、その年中行事にむかって準備し、その行事をとどこおりなくすませることに努力しました。こうしたことを通して、人びとは循環する時間の流れ、つまり一定の時間の長さがたつと、まったく異なる時間の流れをイメージしながら、それをうまく組み合わせながら、人びとは一生を過ごしていたと考えられます。

このように、二種類のまったく異なる時間の流れをイメージしながら、時についてのイメージを作り上げたのです。

つらい時、苦しい時、人はずっとそのような時間が続くと思いがちですが、太陽が沈むと翌朝また太陽が昇るように、一定の時間が流れると、その後にはまったく新しい時間が始まると考えると、人生をちがう方角から見ることもできるのではないでしょうか。

（『いのちってなんだろう』波平恵美子・塚本やすし　による）

R4 前期英語問題スクリプト

令和4年度 聖ウルスラ学院英智小・中学校 前期入学選抜考査、英語 リスニングテスト

これから、リスニングテストを始めます。リスニングテストは１番から３番です。

問題用紙の「リスニング」と書いてあるページを開いてください。

必要があれば、問題用紙の空欄にメモを取っても構いません。

では、１番から始めます。

1

一番。

これから，Keiko（ケイコ）が小学校での思い出についてスピーチをします。

よく聞いて（1）～（4）の内容が，スピーチの内容と合っていれば○，合っていなければ×を書きなさい。

放送は2回流れます。　　　　　　　　　　　　　5秒後 停止

My best memory is the ski trip. In the fifth grade, I went skiing in Yamagata. It was a three day tr

It was snowy on the first day, but it was sunny on the second and third days. I am not good

skiing, but I enjoyed it very much. I want to go there again.　　5秒後 停止

繰り返します。　5秒後 停止

3 これから，ケビン（Kevin）が週末の過ごし方についてスピーチをします。あと
に流れる問いの答えとして最も適切なものをア〜エの中から 1 つずつ選び，記
号で答えなさい。スピーチを 1 回放送し，そのあとでその内容について(1)〜(4)
の質問を 1 回放送します。英文と質問はもう一度繰り返し放送します。よく聞
いて答えなさい。

(1) What do Kevin and his family often eat for breakfast?
　　ア　Bread and salad.
　　イ　Bread and cheese.
　　ウ　Rice and salad.
　　エ　Cereal and milk.

(2) What is Kevin's favorite drink?
　　ア　Green tea.
　　イ　Orange juice.
　　ウ　Coffee.
　　エ　Apple juice.

(3) What is Kevin's favorite subject?
　　ア　English.
　　イ　P.E.
　　ウ　Math.
　　エ　Science.

(4) Who can kick a ball well?
　　ア　Kevin.
　　イ　Paul and James.
　　ウ　Kevin and Paul.
　　エ　Kevin and James.

【筆記】

4 ～ 7 は筆記テストです。よく読んで答えなさい。

4　次の(1)～(3)の種類に当てはまる単語を，下の　　　　　　　　　の中から２つずつ
　　選び，その単語を書きうつしなさい。

　　(1)　国名

　　(2)　果物

　　(3)　職業

vet　　pineapple　　France　　carpenter　　Egypt　　lemon

5　(1)～(4)の会話文を読み，（　　　）内に当てはまる最も適切な語をア～ウの中か
　　ら選び，それぞれ記号で答えなさい。

　　(1)　Ann　　　：　Mom, look at my dress.
　　　　 Mother　：　Oh, it's (　　　), Ann. I like it very much.
　　　　　　　　　　　ア　slow　　　　　イ　cold　　　　　ウ　cute

　　(2)　Makoto　：　What (　　　) do you like?
　　　　 Friend　 ：　I like tigers because they are strong.
　　　　　　　　　　　ア　fruit　　　　　イ　animal　　　　ウ　color

　　(3)　Teacher：　Mika, good morning. (　　　) are you?
　　　　 Mika　 ：　I am good, thank you.
　　　　　　　　　　　ア　How　　　　　イ　Who　　　　　ウ　Which

　　(4)　Kenji　 ：　Can you play (　　　)?
　　　　 Friend　：　Yes, I can. This is my racket and ball.
　　　　　　　　　　　ア　baseball　　　イ　tennis　　　　ウ　soccer

6 (1)〜(4)の日本文に合う英文になるように,【   】内の語をならべかえ,正しい英文をつくりなさい。ただし,文頭の文字は大文字に書きかえなさい。

例　こちらはクミさんです。

【 Kumi / this / is 】．　→　　This is Kumi.

(1)　彼はとてもやさしいです。

【 very / he / kind / is 】：

(2)　わたしはスマートフォンを持っていません。

【 have / I / a smartphone / don't 】．

(3)　あなたはどこに住んでいますか。

【 you / live / do / where 】？

(4)　わたしは誕生日にうで時計がほしいです。

【 want / I / my / a watch / birthday / for 】．

7 中国出身のチェン（Cheng）は，英語の授業で春節（中国の旧正月）についてスピーチをしています。次の英文を読んで，以下の問いに答えなさい。

Hi, my name is Cheng. I'm from China. Do you know about the Chinese Spring Festival? In China, we have the Spring Festival in January or February. It is fifteen days long. In the Spring Festival, we can see many lanterns on the streets and in the buildings. The lanterns are red, because red is the lucky color. We can enjoy dragon dances and fireworks. They are very exciting.

(1) 下の表は春節について日本語にまとめたものです。表中の（ア）～（エ）に当てはまる日本語や数字を書きなさい。

・春節がある月
　（　ア　）月または（　イ　）月
・春節の日数
　（　ウ　）日間
・春節中に楽しむことができるもの
　龍の踊りと（　エ　）

(2) 次の質問の答えになるよう，"They can see many lanterns"の後に続く英単語を[　　　]に7語書きなさい。

質問　Where can they see many lanterns?

答え　They can see many lanterns [　　　　　　　　　　　　].

(3) 次の(①)(②)に入る言葉をそれぞれ日本語で書きなさい。ただし，どちらも漢字で書きなさい。

　春節に飾られるちょうちんの色は（　①　）です。なぜなら，これは（　②　）を意味する色だからです。

問題はこれで終わりです。

問題は次のページに続きます。

3 次の問1，2に答えなさい。

問1 高校生の 智（さとし）さんと妹の英子さんの会話を読んで，次の問いに答えなさい。

智 ：2021年に東京オリンピックが行われ，開会式ではそれぞれの国の旗を先頭に，選手団が入場してきたね。

英子：いろいろな模様や色の国旗があったね。

智 ：世界では，フランスの国旗のような横または縦の3本線の三色旗が多いんだって。世界193か国のおよそ 3割 が三色旗のようだよ。

英子：私のクラスでは，いろいろな国の旗を作ってオリンピックの応援（おうえん）をしたんだよ。オリンピックでは陸上競技が話題になったね。

智 ：ところで，100mをいちばん速く走れる人は時速何km位だと思う。

英子：時速30km位かな。

智 ：100m走の世界記録は $\frac{1}{100}$ 秒まで測ると，9秒58だそうだ。速さについて考えると，最初は時速0kmからスタートしていて，いちばん速いのはスタートして65m地点での時速44.17kmなんだって。インターネットで調べたんだけどね。

英子：すごいね。時速40kmで走る自動車よりも速いんだね。

智 ：「速さ」と「時間」と「道のり」の関係は知ってるかな。

英子：知ってるよ。（ ア ）＝（ イ ）×（ ウ ）だよ。

智 ：そうだね。100m走は速さが変わっていくけど道のりをどうやって求めるか分かるかな。1目盛り1cmの方眼用紙にかくと分かりやすいよ。右のグラフは，スタートしてから4秒後までに秒速10mまで同じ割合で速さを増し，4秒後から12秒後まで秒速10mで走った事を表しているんだ。このとき，道のりはどうなるか分かるかな。

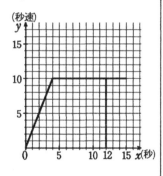

英子：分かるよ。スタートから4秒までは同じ割合で速さは増し，平均の速さは秒速5mだから道のりは（ エ ）mだね。次に秒速10mで（ オ ）秒間走ったから全部で100mだね。

智 ：そうだね。だからこのグラフの人の記録は100mを12秒で走ることを表しているんだ。これはグラフの線と横軸と12秒の線で囲まれた面積が100cm²になることと同じなんだ。

英子：面積が100cm²になることが100m走ったことになるんだね。

智 ：よくわかったね。面積が100cm²になる時間が100m走の記録になるんだ。

---

(1) 文中の 3割 の3は，小数第一位を四捨五入したおよその値であると考えると，三色旗の国旗の枚数は，何枚以上，何枚以下ですか。整数で答えなさい。

(2) 右のような3本線の旗に赤，黄，青，白の4色から何色かを選び，A，B，Cの3か所に色をぬります。次の問いに答えなさい。ただし，同じ色を並べてぬることはできません。

A	B	C

① 4色から赤，黄，青の3色を選んで，3色すべてを使ってぬるとき，ぬり方は何通りありますか。

② 4色から2色または3色を選んで3か所にぬるとき，ぬり方は何通りありますか。

(3) 旗を作るために，縦250cm，横160cmの布から，縦40cm，横60cmの布を切り取ります。最大何枚切り取ることができますか。ただし，旗は切りはりして作ることはできません。

(4) 文中の(ア)～(オ)にあてはまる文字や数字を求めなさい。

(5) 100m走を10秒で走る人の平均の速さは時速何kmですか。

(6) 会話文を参考にして，下のグラフの人の100m走の記録は何秒ですか。$\frac{1}{10}$ の位までのがい数で求めなさい。ただし，下のグラフの人は，スタートしてから10秒後までは半径10cmの $\frac{1}{4}$ 円の形の割合で秒速10mまで速さが増し，その後秒速10mで走ります。

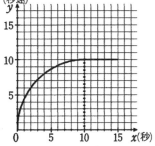

問2　智さんと英子さんは，とある島の海岸に来ました。次の会話文を読んで問いに答えなさい。

智　：見て，あそこに小魚の群れが泳いでいるよ。

英子：本当だ。海藻（かいそう）が生えているから，そこを住みかにしているのかな。

智　：海藻が生えていると，プランクトンも発生しやすくなり，それらを食べる(a)色々な生き物が集まってくるんだよ。最近はラッコも現れるようになったみたい。

英子：ラッコは日本では(b)ほとんど見られなくなってしまった生き物だけど，この辺りの海にも現れるようになったんだね。

智　：近年，日本周辺の海では環境の変化が大きく，海岸近くの海に海藻が減ってしまったんだ。

英子：海藻が減ってしまった理由は分かっているのかな。

智　：近ごろ話題になっている地球温暖化によって，海水の温度が上昇したり，異常気象が発生したり，(c)ウニが増加したり，さまざまな原因があると言われているよ。

　下線部(a)に関連して，英子さんは色々な生き物について興味がわき，近くの案内板を見ました。案内板には以下のように記されていました。

〈案内板〉

　この島では様々な生物が複雑に関係しあって生活しています。

　下の図はこの海域における生物の食べる・食べられるという関係を示しています。

（例えば，動物プランクトン→貝類は動物プランクトンが貝類に食べられていることを示しています。）

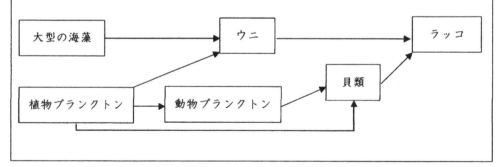

---

(1) 案内板の図のような，生物の食べる・食べられるという関係が鎖状（くさりじょう）につながっていることを何といいますか。ひらがな8文字で答えなさい。

(2) この海域にある生物 A が現れてこの海域のある生物を食べてしまいました。その結果，ウニと貝類の数が大きく増加しました。

① A によって食べられた生物は何だと考えられますか。案内板の図にある生物の中から1つ選んで答えなさい。

② A に最も当てはまる生物は何だと考えられますか。最も当てはまるものを次のア～エから1つ選びなさい。

ア．ペンギン　　　イ．サンマ　　　ウ．サザエ　　　エ．シャチ

③ A を案内板の図に書き加えるとしたら，どのようになりますか。解答用紙に A と矢印（→）を書き加えなさい。

④ ウニの数が大きく増加すると，生息数が減少する可能性がある生物は何ですか。案内板の図の生物の中から，2つ選んで答えなさい。

(3) 下線部(b)に関連して，以前はふつうにみられる生物だったが，今ではほとんど見られなくなってしまった生き物のことを何といいますか。ひらがな8文字で答えなさい。

(4) 下線部(c)に関連して，英子さんはウニの増え方に興味がわき，智さんの高校の教科書で調べてみると〈ウニに関する資料〉を見つけました。資料を読んで次の問いに答えなさい。

〈ウニに関する資料〉

　全ての生物のからだは，細胞という小さな部屋のようなものがたくさん集まってできている。1個の細胞が2つに分かれて2個の細胞になることを細胞分裂といい，生物が成長するときには，細胞分裂をくり返して細胞の数を増やして成長する。

　多くの動物は，メスがつくる卵とオスがつくる精子が結びついた受精卵1個が細胞分裂をくり返して成長していく。下の図1〜図6はウニの受精卵が細胞分裂をくり返していく過程の一部を示したものである。図2からは卵の中に細胞が2個あることがわかる。同じように，図3からは4個，図4からは8個あることがわかる。24時間後には水中を泳ぐプルテウス幼生という子ども(図5)になる。さらに数週間たつと，次第に泳がなくなり図6のような小さなウニへ成長する。

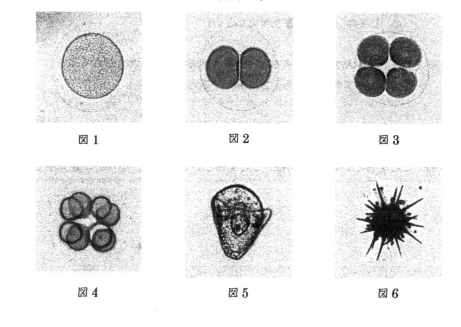

図1　　　　　図2　　　　　図3

図4　　　　　図5　　　　　図6

① 図1が図2のように細胞分裂をするときには，ちょうど40分かかります。同じように，図2から図3，図3から図4になるときには，それぞれ30分かかります。それ以降の細胞分裂にも30分ずつかかるとします。2時間10分後には卵の中の細胞の数は何個になっていると考えられますか。

② ①のように考えるとき，3時間30分後には卵の中の細胞の数は何個になっていると考えられますか。

③　図5のプルテウス幼生を横から見た図が下の図7です。全長 0.2 mm ほどの大き
さしかないプルテウス幼生ですが，図7からは口や消化管，肛門などが備わって
いることがわかります。このことから，図5から図6になるまでの期間，プルテ
ウス幼生はどのような環境で生活をし，成長していくと考えられますか。下のア
〜エから1つ選び記号で答えなさい。ただし，〈案内板〉と〈ウニに関する資料〉
に書かれている内容もふまえて考えるものとします。

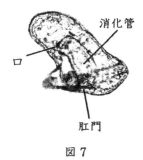

図 7

アー水中を泳ぎながら，卵の中にあった養分を使って成長する
イー水中を泳ぎながら，植物プランクトンを食べて成長する
ウー常に海藻に付着した状態で，海藻をかじって成長する
エー海底の砂の中にもぐった状態で，何も食べずに成長する

　　　　　　　　　　　　　　　　　　　　　　問題はこれで終わりです。

Ⓚ教英出版

令和3年度　聖ウルスラ学院英智小・中学校

中学校課程　前期入学選抜考査　総合問題Ⅰ

問　題　用　紙

注　意

1　指示があるまで，この「問題用紙」を開いてはいけません。

2　この「問題用紙」には，表紙に続き，1ページから9ページまで「問題」があります。「解答用紙」は1枚です。

3　「始め」の指示で，「解答用紙」に受験番号を書き，その後，「問題」に取り組みなさい。試験の時間は60分です。

4　解答はすべて「解答用紙」に書きなさい。「問題用紙」の空いているところは，自由に使ってかまいません。

1　次の問1～問6に答えなさい。

問1　次の (1)，(2)の——線部の漢字をひらがなに，(3)，(4)の——線部のカタカナを漢字にそれぞれ直しなさい。送り仮名が必要な場合は送り仮名も書きなさい。

(1)　火に油を注ぐ。

(2)　合点がいかない。

(3)　オウフクきっぷを買う。

(4)　名選手が現役をシリゾク。

問2　次の——線部分を尊敬語，もしくは謙譲語を用いた表現に書きかえなさい。ただし，特別な言い回しがある場合はそれを用いること。

(1)　明日，校長先生が私に賞状をくれる。

(2)　私は昨日，有名な作家の絵を見た。

問3　次の(1)～(3)の熟語と同じ構成になっている熟語を，次のア～エからそれぞれ1つずつ選び，記号で答えなさい。

(1)　有無　（　ア　未来　　イ　無理　　ウ　因果　　エ　有害　　）

(2)　頂上　（　ア　変化　　イ　暗示　　ウ　山頂　　エ　頂角　　）

(3)　失礼　（　ア　過失　　イ　下校　　ウ　計算　　エ　価値　　）

問4　次の文の二重線で示された述語に対する主語を選び，次のア～エからそれぞれ1つずつ選び，記号で答えなさい。

(1)　ア弟が　イいっしょうけんめい　ウ育てた　エ朝顔が　オきれいに　さく。

(2)　ア今年は　イ私も　ウ兄と　エ同じ　オクラブに　所属する。

(3)　アかの女こそ　イ私たちの　ウ生徒会長に　エふさわしい　人物だ。

問5　次の(1)，(2)の空らんに当てはまる適切な慣用句を，次のア～エからそれぞれ1つずつ選び，記号で答えなさい。

(1)　ぼくの（　　　　）仕事だったので，委員長に回した。

　　　ア　手にあまる　　イ　手を切る　　ウ　手をつける　エ　手塩にかける

(2)　姉はおかしに（　　　　　　）。

　　　ア　目が回る　　　イ　目をこらす　ウ　目がない　　エ　目がきく

(3)　手紙の返事を（　　　　）待つ。

　　　ア　肝を冷やして　イ　気を許して　ウ　実を結んで　エ　首を長くして

問6　次の文章を読み，あとの問いに答えなさい。

> 　あなたが毎日食べている肉や魚、野菜に果物。野菜だと、自宅の家庭菜園で栽培している物もあるかもしれませんが、だいたいは、スーパーマーケットなどで買ってきた物ですね。もし、あなたの¹家族だけで全部を作ろうとしたら、それはそれは　X　です。
>
> 　もちろん農家は米や野菜、果物、場合によっては牛や豚、鶏も育てているかもしれませんが、魚までとるのは　X　ですね。
>
> 　一方、漁師さんは、魚をとるでしょうが、野菜や果物まで栽培する時間はないでしょう。
>
> 　あなたの身の回りにある机やいす、電気スタンド。これも、自分で作ろうとしたら、　X　なことになります。
>
> ²つまり、私たちは、生活する上で必要な物（物資）を、全部自分たちで作ることは、とても無理なのです。ひとつの物を作っていたら、その間、ほかの物が作れません。「食事の支度もできない」なんてことになってしまいます。まして子どもたちは、「家族の手伝いの仕事で学校に行くヒマがない」ということになってしまいます。
>
> でも、考えてみると、大昔は、みんな家族で協力して作っていたはずです。それが、全部自分たちだけで作ろうとしなくなったことで、私たちは、自分が自由に使える時間を生み出すことができたのです。
>
> 　　　　　　　　　　　　　　　　　　　　　（『14歳からのお金の話』池上彰による）

(1)　　X　に入る適切な熟語を答えなさい。

(2)　──線部１「家族だけで全部を作ろう」としなくなった今，私たちはどのようなことができるようになりましたか。20字以内で本文中から探し，初めの５字を書きなさい。

(3)　──線部２と同じ意味のつなぎの言葉を，次のア〜エから１つ選び記号で答えなさい。
　　ア　だから　　イ　要するに　　ウ　また　　エ　なぜなら

2 次の問1〜問3に答えなさい。

問1 次の文を読んで，あとの問いに答えなさい。

> 国の政治は，¹ 国会・内閣・裁判所の 3 つが独立したかたちで行われています。² 国会は，国民の願い
> を実現するために（　　　）をつくるはたらきをしています。内閣は，国会で決まった（　　　）や予算に従って
> ³ 国を治める仕事をしています。裁判所は，（　　　）にもとづいて問題を解決し，⁴ 国民の権利を守る仕事を
> しています。また，日本国憲法には，地方の政治，⁵ 天皇の地位と国事行為，基本的人権などについても
> 定められています。

(1) 文章中の 3 つの（　　　）に共通して当てはまる言葉を答えなさい。

(2) ――線部 1 のような政治のしくみを何というか答えなさい。

(3) ――線部 2 のもとには，さまざまな省庁が設けられています。このうち，年金，医療，介護，
などの社会保障制度を担当する省庁を，次のア〜エから 1 つ選び，記号で答えなさい。

　　　ア　文部科学省　　　　イ　国土交通省　　　ウ　厚生労働省　　　エ　法務省

(4) ――線部 3 について，内閣の仕事として当てはまるものを，次のア〜オから全て選び，記号
で答えなさい。

　　　ア　衆議院の解散を決める。　　　イ　国の予算を議決する。　　　ウ　条例を制定する。
　　　エ　内閣総理大臣を任命する。　　　オ　外国と条約を結ぶ。

(5) ――線部 4 について，裁判の判決に不服がある場合は，3 回まで裁判を受けられる制度が整
っています。この制度を何というか答えなさい。

(6) ――線部 5 について，日本国憲法において，天皇の地位は，日本の国や国民のまとまりの何
であると定められていますか。

問2 年表を見て，あとの問いに答えなさい。

時代	できごと
古代	A 大宝律令が制定される。 B 東大寺に大仏をつくる 詔 が出される。
中世	C 藤原道長・頼通が摂関政治を行う。 D ↕ E 豊臣秀吉が全国を統一する。
近代	F 江戸幕府が開かれる。

(1) 年表中のAについて，この法律には税を納めることも記されていましたが，この当時の税の中で，稲の収かく高に基づいて，人々に納めさせた税の種類を答えなさい。

(2) 年表中のBを出した天皇を次のア～エから1つ選び，記号で答えなさい。

　　ア　天武天皇　　　イ　天智天皇　　　ウ　聖武天皇　　　エ　桓武天皇

(3) 年表中のCについて，このころ貴族がくらしていた建物の造りを答えなさい。

(4) 次のア～エは，年表中のDの期間に起こったできごとです。これらを，年代の古い順に並べ，記号で答えなさい。

　　ア　長篠の戦いが起こる。　　　イ　承久の乱が起こる。
　　ウ　桶狭間の戦いが起こる。　　エ　応仁の乱が起こる。

資料Ⅰ

(5) 年表中のEについて，豊臣秀吉は右の資料Ⅰのような方法で，全国各地の農地の面積や収かく高の調査を行いました。この政策を答えなさい。

(6) 年表中のFについて，右の資料Ⅱはこの時代に発明・改良された農具です。この農具の名前の組み合わせとして正しいものを次のア～エの中から1つ選び，記号で答えなさい。

　　ア　X：千歯こき　Y：とうみ
　　イ　X：備中ぐわ　Y：千歯こき
　　ウ　X：とうみ　　Y：備中ぐわ
　　エ　X：千歯こき　Y：備中ぐわ

資料Ⅱ

X　　　　　　Y

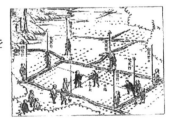

問3 次の文章を読んで，あとの問いに答えなさい。

日本はまわりを太平洋や日本海などの海に囲まれている島国で，（　　　）大陸の東にあり，¹ 約 7,000 の島で構成されています。日本の海岸線の長さは約 3 万km で，世界で 6 番目に長く，また，² 日本の面積は世界で 61 番目の大きさです。日本の国土は ³ 8 つの地方に区分され，北海道から九州にかけて，⁴ 中央にせぼねのような山脈が連なっています。

---

(1) 文章中の（　　　）に当てはまる語句を答えなさい。

(2) ──線部 1 について，右の（地図Ⅰ）は，日本にある最端の島をそれぞれ示したものです。①〜④の島を，次のア〜カからそれぞれ 1 つずつ選び，記号で答えなさい。

　　ア　択捉島　　　　イ　佐渡島　　　ウ　沖ノ鳥島
　　エ　与那国島　　　オ　国後島　　　カ　南鳥島

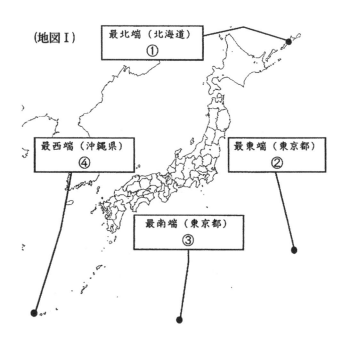

（地図Ⅰ）

最北端（北海道）
①

最西端（沖縄県）
④

最東端（東京都）
②

最南端（東京都）
③

(3) ──線部 3 について，大阪府や京都府がある地方は何地方と呼ばれますか。

(4) ──線部 4 について，日本列島の中央部には高さ 3,000m をこえる飛驒山脈・木曽山脈・赤石山脈などがあります。これらの山脈はまとめて何と呼ばれているか答えなさい。

(5) 右の（地図Ⅱ）の ▇▇▇▇▇ はみかんの生産量上位5県，（地図Ⅲ）の ▨▨▨▨ は茶の生産量上位5県を示している。（表1）の（　　　）に当てはまる県名をそれぞれ答えなさい。

	みかん	茶
1位	（ ① ）	（ ② ）
2位	愛媛県	（ ③ ）
3位	（ ② ）	三重県
4位	熊本県	宮崎県
5位	長崎県	京都府

（表1：みかんと茶の生産量の上位5県）

（地図Ⅱ）

（地図Ⅲ）

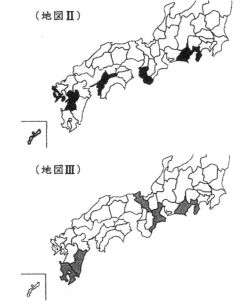

問題は次のページに続きます。

3 次の文章を読んで，あとの問いに答えなさい。

今でこそ「新しい生活様式」もある程度広がってきましたが，新型コロナウイルス対策という面では，昨年ほど都道府県知事の存在感が高まった年もないでしょう。そうした流れの中で，各知事には，強いリーダーシップが求められるようになってきていますが，一方で国と都道府県の役割をめぐってのやり取りが，ニュースになることもありました。

そもそも①現在の日本の政治においては，国と都道府県では，どちらがより大きな権限を持っているのでしょうか。次の資料を読んでみましょう。

（資料A）

明治以降、我が国は、国が大きな権限や財源を持つ中央集権体制を基礎として、急速な近代化と経済成長をなし遂げました。しかし、経済のグローバル化や少子高齢化など、社会経済情勢が大きく変動する中で、この中央集権体制を前提とした都道府県制度が制度疲労を起こし、地方からの大幅な人口流出といった現下の国家的な課題の大きな要因の一つとなっているものと考えられます。

※中央集権……権限が中央政府にある形態
※地方分権……権限が中央政府から地方政府に移してある形態

（「地方分権/地方分権改革の概要　宮城県HP」による）

現在では（資料A）にあるように改革を求める声も大きくなっています。では，歴史的にはどうだったのでしょうか。次の（年表X）を見てみましょう。

（年表X）

時　代	ことがら
奈良時代	中大兄皇子や中臣鎌足らによる天皇中心の国づくりが始められる。……②
平安時代	貴族による政治が行われる中，地方では武士が力をつける。
鎌倉時代	鎌倉幕府がおかれ，幕府の支配力が強くなる。
室町時代	上杉家や毛利家など各地の大名が，それぞれの領地を治める。………③
江戸時代	江戸幕府のもと，各大名がそれぞれの領地を自治的に支配する。
明治時代	藩が廃止され，明治政府が中央政府となり，政治が行われる。

この年表をもとに考えると，日本では奈良時代以降，天皇が中心となった（　あ　）の時代，幕府が中心となった（　い　）の時代，明治政府が中心となった（　う　）の時代と，それぞれの時代をくり返して現在の形になったことがわかります。現在は，日本国憲法でも地方分権がある程度認められていますが，（資料A）のように地方分権をもっと広げ，④地方の仕事を増やしていこうという考えもあります。

問1 ──線部①「現在の日本の政治」において，国と都道府県では，どちらの権限がより大きい
ですか。本文と（資料A）を参考に，どちらかを答えなさい。

問2 （年表X）中の②について，中大兄皇子による天皇中心の国づくりの一つとして，日本初の
水時計の設置があります。なぜ，中大兄皇子は水時計を設置したのでしょうか。本文と，次
の（資料B）を参考に，その理由を答えなさい。

（資料B）

現在、私たちは、時間に基づいた生活を送っています。一分単位で刻まれた電車の時刻表、
学校の時間割、テレビの番組表など、色々なものが時刻によって定められています。それは私
たちにとってごく当たり前のことですが、昔から時刻とともに生活していたのではありませ
ん。時刻に基づいた生活スタイルの原点が、水落遺跡の漏刻※です。時間制が採用されるまで
は、太陽の動きにあわせて、感覚で生活していたと考えられます。

※水落遺跡の漏刻……中大兄皇子が設置した水時計

「水落遺跡と水時計 解説書 奈良県明日香村 関西大学文学部考古学研究室」による

問3 （年表X）中の③の時代に，「いつの時代も変わり者が世の中を変える。異端者を受け入れ
る器量が武将には必要である」という言葉を残した人物がいます。この人物にかかわりのあ
る次の（資料C），（資料D）を参考に，その人物とはだれか，名前を答えなさい。

（資料C）   （資料D）

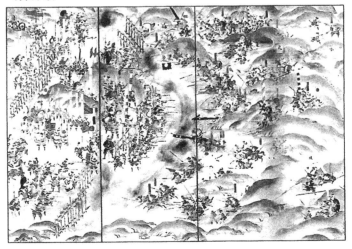

定

一、当所中為楽市被仰付之上者、諸座諸
役諸公事等悉免許事

一、往還之商人上海道相留之上下共至当
町可寄宿但於荷物以下之

安土山下町中

問4　（あ）～（う）にあてはまる言葉の組み合わせとして正しいものを，次のア～エから１つ選び，記号で答えなさい。

　　ア　あ……中央集権　　　い……中央集権　　　う……地方分権
　　イ　あ……中央集権　　　い……地方分権　　　う……中央集権
　　ウ　あ……地方分権　　　い……中央集権　　　う……地方分権
　　エ　あ……地方分権　　　い……地方分権　　　う……中央集権

問5　――線部４「地方の仕事」について，私たちの身の回りの公共的な事業は，税金によって行われています。税金は，買うものや住民・会社の資産，いろいろな活動によって得た収入などに対してかけられます。また，納税は国民の義務でもあります。このことについて，次の(1)～(3)に答えなさい。

　(1)　納税が国民の義務となっている理由を，公共事業の具体的な例を１つあげながら，説明しなさい。

　(2)　私たちが納める税金の種類のひとつに「消費税」がある。「消費税」は生活に必要な食品などにもかかるため，安定して一定の税金を，すべての世代から等しく集めることができます。しかし，その特ちょうから，この「消費税」には問題点があると言われることもあります。その問題点とは何か説明しなさい。

　(3)　(2)の問題点を減らすために，2019年10月に消費税が増税されたときには，外食や酒類を除く食品には，それ以前と同じ税率が適用されました。この税率のことを何といいますか。漢字で答えなさい。

問題はこれで終わりです。

令和3年度　聖ウルスラ学院英智小・中学校

中学校課程　前期入学選抜考査　総合問題Ⅱ

問　題　用　紙

注　意

1　指示があるまで，この「問題用紙」を開いてはいけません。

2　この「問題用紙」には，表紙に続き，1ページから10ページまで問題が
あります。「解答用紙」は1枚です。

3　「始め」の指示で，「解答用紙」に受験番号を書き，その後，「問題」に
取り組みなさい。試験の時間は60分です。

4　解答はすべて「解答用紙」に書きなさい。「問題用紙」の空いているとこ
ろは，自由に使ってかまいません。

1 　次の問1〜問3に答えなさい。

問1　次の計算をしなさい。

(1)　$12-6\div2$

(2)　3.85×9.4

(3)　$3\dfrac{5}{6}-\left(1\dfrac{3}{4}-\dfrac{5}{12}\right)$

(4)　$\left(3\dfrac{1}{4}-\dfrac{1}{5}\right)\div2\dfrac{5}{8}\times6-3.6$

問2　次の □ にあてはまる数を求めなさい。

(1)　□ $\times13-34=60\div12$

(2)　$35.67\div3.4$ の商を四捨五入して，上から3けたのがい数にして求めると □ になります。

(3)　縦10cm，横15cm，高さ12cmの箱を同じ向きに並べて一番小さい立方体を作ると箱は □ 個必要です。

(4)　あるスーパーで，先週，キャベツが200円で売られていました。今週になると，先週のキャベツの値段より30%値上がりしていました。しかし，タイムセールで2割引になったので，□ 円でキャベツを買うことができました。

(5)　家から1.8km離れた学校に20分で着くために，はじめに時速4kmで歩き，途中から時速 □ kmで5分間走りました。

(6)　□ mのリボンをあきらくん，さとしくん，えいじくんの3人で分けました。あきらくんとさとしくんのリボンの長さの比は2：3，あきらくんとえいじくんのリボンの長さの比は3：5で，えいじくんのリボンの長さはさとしくんのリボンの長さよりも1.8m長くなりました。

(7)　4教科のテストで，国語，社会の平均点は85点でした。社会と算数と理科の平均点は80点でした。国語と算数と理科の平均点は82点でした。このことから，国語の得点は □ 点だと分かります。

問3　右の図は，1辺の長さが5cmの正方形と2つのおうぎ形を組み合わせた図形です。 の部分の面積を求めなさい。また，どのように考えたか図や式，言葉を使って説明しなさい。

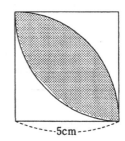

-1-

2 次の問1, 2に答えなさい。

問1 植物のはたらきについて, 次の問いに答えなさい。

〔実験1〕

図1のように, 土を洗い落としたホウセンカのなえを, 食紅をとかして赤くした水につけ, 日光の当たる場所に4時間置いた。

図1

(1) 実験1のあと, くきを輪切りにしたものと, くきの最も太い部分をたてに切ったもののようすを次のア～クからそれぞれ選び, 記号で答えなさい。

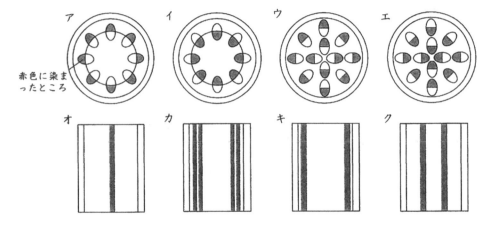

〔実験2〕

図2のように, ほぼ同じ大きさで, 同じ枚数の葉をつけたホウセンカの枝を用意し, 下の表のような操作をした。水の上に油をうかべた試験管あ～えにそれぞれの枝をさし, 同じ場所において数時間後に観察すると, 下の表のように水が減少していた。

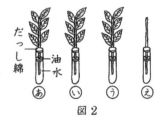
図2

表：それぞれの試験管の操作と減った水の量

試験管	あ	い	う	え
操作	そのまま	葉の表にワセリンをぬる	葉の裏にワセリンをぬる	葉を取り, 切り口にワセリンをぬる
減った水の量[cm³]	15.9	11.2	5.1	0.4

(2) 実験2において下線部のような操作をするのはなぜですか。理由を書きなさい。

(3) 植物のからだから水が水蒸気として出される穴をなんといいますか。また，そのはたらきを何といいますか。

(4) 実験2の表より葉の表側から出ていった水の量を求めなさい。

〔実験3〕
図3のような白い部分のあるアサガオの葉を2枚用意し，A，Bとした。夕方ごろアルミニウムはくでつつみ，次の日の朝，Aのアルミニウムはくをとり，葉をエタノールで脱色したあと ［ X ］ につけた。Bはアルミニウムはくをとり，6時間日光に当てた後に，Aと同様の操作を行った。

白色の部分　　緑色の部分

図3

(5) 実験3において下線部のような操作をするのはなぜですか。その理由を次のア〜エから1つ選び，記号で答えなさい。

　　ア　葉を寒さから守るため。　　　　イ　葉を虫から守るため。
　　ウ　葉がぬれないようにするため。　エ　葉の中のでんぷんをなくすため。

(6) Xにはでんぷんの有無を調べるための液の名前が入ります。Xにあてはまる液の名前を書きなさい。

(7) Bの葉において，Xの液で色が変化した部分をえんぴつでぬりなさい。

問2　天気の変化について，次の問いに答えなさい。

(1)　次の文章は「晴れ」と「くもり」のちがいについて説明したものです。文中のa，bに
あてはまる数字を答えなさい。

> 雨や雪がふっていないとき，空全体の広さを10として，空をおおう雲の量
> が0～ | a | のときは晴れ， | b | ～10のときをくもりとしている。

(2)　全国各地の雨量や風向・風速，気温などのデータを自動的に計測し，そのデータをま
とめるシステムをなんといいますか。カタカナ4文字で答えなさい。

(3)　(2)のようなシステムが発達していなかったころは，「夕焼けが見えると，次の日は晴
れる」というような空のようすから天気の変化を予想する言い伝えがありました。夕
焼けが見えると，次の日は晴れると考えられるのはなぜですか。理由を次のア～エか
ら1つ選び，記号で答えなさい。

ア　上空に強風がふいているときに夕焼けが見え，その風が雲を別の場所に運ぶから。
イ　気温が高いときに夕焼けが見え，気温が高いときは雲ができにくいから。
ウ　西の空に雲がないときに夕焼けが見え，天気は西から東へ移り変わるから。
エ　空気中に細かいほこりやちりがないときに夕焼けが見え，細かいほこりやちりが
　　なければ雲ができにくいから。

(4)　日本の近海に台風が発生する現象について，次の問いに答えなさい。
　①　いっぱんに，台風が発生する場所と日本に上陸することが多い時期の組み合わせ
　　を次のア～エから1つ選び，記号で答えなさい。

ア　場所：日本より南の海上　　時期：春から夏にかけて
イ　場所：日本より南の海上　　時期：夏から秋にかけて
ウ　場所：日本より南の陸上　　時期：春から夏にかけて
エ　場所：日本より南の陸上　　時期：夏から秋にかけて

② 台風が近づいてきているときの行動として<u>まちがっているもの</u>はどれですか。
次のア〜エから1つ選び，記号で答えなさい。

ア　すぐに避難できるよう，ときどき川のようすを外に見にいく。
イ　ガラスなどが割れないよう，家の窓や雨戸を閉めておく。
ウ　テレビやラジオで台風についての情報を集めておく。
エ　外にある飛ばされそうなものを，家の中にしまっておく。

3　次の問1，2に答えなさい。

問1　英子さんが通っている小学校のクラスでは，「地球の水」について話し合いをしました。

英子さんは家に帰って，話し合いの中で疑問に思ったことをお父さんに聞いてみること
にしました。会話文を読んで，次の問いに答えなさい。

英子：お父さん，今日学校で水について調べて話し合ったんだけど，今，地球の各
地で水不足で飲み水に困っている人たちがたくさんいることに驚いたの。

お父さん：よく調べたね。日本にいると，蛇口をひねれば水が出てくるから水がなくて
困る経験はしないよね。

英子：私たちも水について真剣に考えていかないといけないね。

お父さん：じゃあ，英子は今，家で水道をどれくらい使っているか知っているかな？

英子：え？全然考えたこともなかった。手を洗っているときに水を流したまま洗っ
ていることもあるし…。だから，結構たくさん使っている気がするな。

お父さん：水道の使用量と料金は，2か月に1度，水道局からお知らせが来るんだ。お
知らせを見ると，この2か月で，水を80m³使っていることが分かるね。

英子：①80m³って，お風呂で考えると何杯分になるんだろう？

お父さん：後で考えてごらん。ここで，問題だ！2か月分の水道料金はいくらか計算で
きるかな？水道料金は，基本料金と水を使用した分の料金を合わせて求める
んだよ。表1のように，基本料金は水道管の太さで決まるんだよ。家の水道
管の直径は20mmだから基本料金は2500円かかるんだ。これは水を使わ
なくてもかかるんだよ。次に，表2を見ると使用水量の区分ごとの料金を知
ることができるんだ。最初の20m³までは1m³あたり80円，21m³から
40m³までは1m³あたり185円，41m³から100m³までは1m³あたり205
円になっているね。

英子：だから，80m³を20m³＋20m³＋40m³と考えるんだね。水を多く使えば使
うほど1m³あたりの値段は高くなるんだね。節約しなきゃ。

お父さん：そうだぞ。だから，水を大切に使わないといけないよ。じゃあ，水道料金を
計算してみよう。

$$2500＋80×20＋185×20＋205×40$$

そして，この水道料金に消費税の10%が加わって17600円を請求される
んだよ。

表1：水道管の直径と基本料金

水道管の直径(mm)	13	20	25
基本料金　（円）	1160	2500	3800

表2：使用水量の区分と1m³あたりの使った分の料金

使用水量の区分(m³)	1~20	21~40	41~100
1m³あたりの料金(円)	80	185	205

(1) 英子さんの家の浴そうは，図1のような直方体の形をしています。この浴そういっ
ぱいに水を入れると，何Lになりますか。ただし，浴そうの厚みは考えないものと
します。

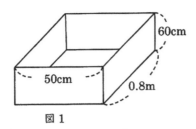

図1

(2) 英子さんは，下線部①のような疑問をもちました。今回の水道の使用量は，図1の
浴そうの体積のおよそ何倍ですか。ただし，上から1けたのがい数で表しなさい。

(3) 水道管の太さが25mmで，水道の使用量が100 m³の場合，水道料金として請求さ
れる金額を求めなさい。

(4) 直径20mmと25mmの水道管の口の部分の周りの長さの比を最も簡単な整数の比
で表しなさい。ただし，水道管の口の形は円であることにします。

(5) 英子さんは，節水のためにお風呂に図2のような直方体のおもりを沈めることで水
面の高さをあげようと考えました。ただし，図1の浴そうに1分間あたり7200mL
ずつ水を入れるものとします。次の①〜②に答えなさい。

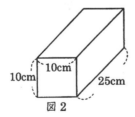

図2

① 水を入れ始めてから5分後の水の深さは何cmですか。ただし，おもりはまだ
沈めていないものとします。

② 水を入れ始めてから5分後に1度水を止めて，図2のような向きで，直方体の
おもりを2つ並べて浴そうに沈めました。さらに，水を10分だけ入れました。
水の深さは何cmになりますか。

問 2　英子さんは，家庭で使った後の水がどうなるのか興味がわき，お父さんに聞いてみることにしました。会話文を読んで，次の問いに答えなさい。

> 英子：トイレを流した後の水や，お皿を洗った後の水はどうなるのかな。
>
> お父さん：家庭で使った後の水は下水といって，その下水をきれいにしてくれる下水処理場で一度きれいにした後，川や海に流しているんだよ。
>
> 英子：川や海に住む魚が(a)呼吸することができるぐらいきれいになるの？
>
> お父さん：そうだよ。下水にはたくさんの汚れや(b)細菌が混ざっていて，そのまま川や海に流すことはできないんだ。
>
> 英子：どうやってきれいにしているの。
>
> お父さん：まず初めに下水をタンクに入れて，大きなごみを沈めて取り除くんだ。そのあとは，たくさんの微生物の力を借りて小さな汚れをきれいにしていくんだよ。
>
> 英子：人間だけの力ではきれいにできないんだね。
>
> お父さん：そうなんだよ。それでも微生物の力だけでは，悪い細菌を取り除くことはできないから，漂白剤に入っている次亜塩素酸などを加えたり，生物にとって有害な紫外線という光を下水に当てて細菌の(c)DNAを壊したりするんだ。ここまでたくさんの手間をかけて，やっと川や海に流すことができるようになるんだよ。
>
> 英子：これからは水道水をむだづかいしないようにしなきゃ。

(1)　下線部(a)に関して，呼吸と血液のじゅんかんには密接な関係があります。図 1 は，血液のじゅんかんを模式的に表したものです。次の問いに答えなさい。

①　➡ と ⇨ の矢印は肺と全身における，ある気体の出入りを表しています。それぞれの気体の名前を書きなさい。

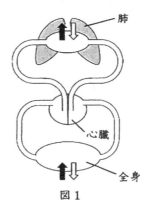

図 1

②　ヒトの全身の血液量は，体重の 8％といわれています。体重 52.5kg の人の全身の血液量は何 L ですか。ただし，血液 1.05g を 1mL とします。

③ 図2のXは，ヒトの肺と同じように気体を血液中に取りこんだり，血液から気体を出したりすることができます。Xを何といいますか。

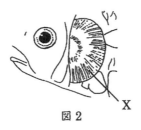

図2

④ 図2のXがある動物を次の⑦～⑰から1つ選び，記号で答えなさい。
　　　⑦　イルカ　　　④　ウサギ　　　⑰　アリ
　　　⑭　イヌ　　　　⑰　メダカ　　　⑰　ウマ

⑤ 次の文章は心臓のはたらきについて説明したものです。文中のAにあてはまる語句と_____の理由を答えなさい。

> 心臓は縮んだりゆるんだりをくり返して，たえず全身に血液を送り出している。このような心臓の動きを　　A　　という。はげしい運動をした直後には　　A　　の回数が増加する。

(2) 下線部(b)に関して，細菌以外に花粉や食べ物などが，くしゃみやじんましんといった体の反応を引き起こすことがあります。この反応を何といいますか。カタカナ5文字で答えなさい。

(3)　下線部(c)に関して，英子さんは DNA について興味がわき，図書室で調べてみると DNA に関する資料を見つけました。資料を読んで次の問いに答えなさい。

〈DNA に関する資料〉
DNA は生物の設計図がつまったものである。親が子に似ていたり，血液型が同じだったりするのは，設計図の役割をする DNA が親から子孫に受けつがれているからである。DNA は，はしごをねじったような形をしており，その一部を拡大したものが図3である。その中には A（アデニン），T（チミン），G（グアニン），C（シトシン）という，4種類の部品がある。これら A・T・G・C のならび方でヒトの見た目や血液型など様々な特ちょうを決めることができ，体の設計図の役割を果たしているといえる。また，A・T・G・C はあるきまりによって向かい合う組み合わせが決まっている。

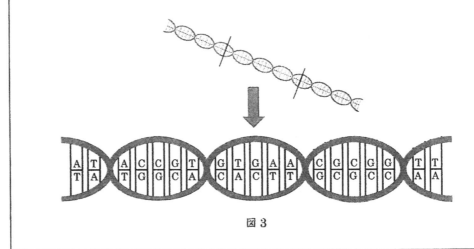

図3

①　A・T・G・C の向かい合う組み合わせにはどのようなきまりがありますか。図3を参考にして簡潔に説明しなさい。

②　ある生物がもつ DNA の中にある A・T・G・C の合計が 1200 万個のとき，A の数は 480 万個でした。T・G・C の数はそれぞれ何万個ですか。

問題はこれで終わりです。

令和3年度　聖ウルスラ学院英智小・中学校

中学校課程　前期入学選抜考査　英語

問　題　用　紙

注　意

1　指示があるまで，この「問題用紙」を開いてはいけません。

2　この「問題用紙」には，表紙に続き，1ページから6ページまで「問題」があります。「解答用紙」は1枚です。

3　「始め」の指示で，「解答用紙」に受験番号を書き，その後，「問題」に取り組みなさい。試験の時間は30分です。

4　解答はすべて「解答用紙」に書きなさい。「問題用紙」の空いているところは，自由に使ってかまいません。

【リスニング】

1 ～ 3 はリスニングテストです。よく聞いて答えなさい。放送は全て 2 回流れます。

1 これから，John（ジョン）が自分の行きたい国について説明をします。よく
聞いて，(1)～(4)の内容が，スピーチの内容と合っていれば〇，合っていなけれ
ば×を書きなさい。放送は 2 回流れます。

(1) John はオーストラリアに住んでいる。

(2) John はアメリカをとても大きな国だと思っている。

(3) John はアメリカ国旗が好きである。

(4) John はアメリカでナイアガラの滝を見たいと思っている。

2 (1)～(4)の会話を聞き，それぞれの質問に日本語で答えなさい。会話は 2 回ずつ
流れます。

(1) Yumi（ユミ）が寝る時刻は何時何分ですか。

(2) ハンバーガーの合計金額は何ドルですか。

(3) Nick（ニック）のお父さんの仕事は何ですか。

(4) Katie（ケイティ）の町には何がありますか。

これから，Dan（ダン）が自分の将来の夢についてスピーチをします。後に流れる問いの答えとして最も適切なものをア～エの中から1つずつ選び，記号で答えなさい。まず，スピーチを1回放送し，その後でその内容について(1)～(4)の質問を1回放送します。紹介文と質問はもう一度繰り返し放送します。よく聞いて答えなさい。

(1) What is Dan's dream?

   ア　A doctor.

   イ　A teacher.

   ウ　A vet.

   エ　A dancer.

(2) What is Dan's cat's name?

   ア　Taro.

   イ　Jiro.

   ウ　Kiki.

   エ　Coco.

(3) What can Taro do?

   ア　Run very fast.

   イ　Jump high.

   ウ　Catch a ball.

   エ　Take care of animals.

(4) Where do Dan and Jiro play catch?

   ア　In the river.

   イ　In the park.

   ウ　In the morning.

   エ　In the evening.

【筆記】

4 ～ 7 は筆記テストです。よく読んで答えなさい。

4 　次の(1)～(3)の種類に当てはまる単語を，下の[　　　　　　　　]の中から2つずつ選び，その単語を書きうつしなさい。

(1) 食べ物

(2) 乗り物

(3) 教科

| math | pizza | science | taxi | chocolate | bus |

5 　(1)～(4)の会話文を読み，(　　)内に当てはまる最も適切な語をア～ウの中から選び，それぞれ記号で答えなさい。

(1) Jun : 　I have a quiz for you.　It is a bird.　It can swim.　It can't (　　).
　　　　　What is it?
　Nao : 　Oh, it is a penguin.
　Jun : 　That's right.

　　　　　ア　eat　　　　　　　イ　walk　　　　　　ウ　fly

(2) Clerk : 　When do you practice soccer?
　Kenji : 　I practice it (　　) Tuesdays.
　Clerk : 　Oh, really? Me too.

　　　　　ア　at　　　　　　　イ　in　　　　　　　ウ　on

(3) Jack : 　I saw a castle in Himeji.
　Nami : 　How was it?
　Jack : 　It was big and (　　).

　　　　　ア　beautiful　　　イ　delicious　　　ウ　happy

(4) Ryota : 　My father and mother make onions, cucumbers and corn.
　Nana : 　Are they (　　)?
　Ryota : 　Yes, they are.

　　　　　ア　teachers　　　イ　farmers　　　ウ　librarians

2 (1)～(4)の会話を聞き，それぞれの質問に日本語で答えなさい。
　　会話は2回ずつ流れます。

(1)

Yumi:　What time do you go to bed, Peter?

Peter:　I go to bed at nine o'clock. How about you, Yumi?

Yumi:　I go to bed at eight thirty.　5秒後　＜繰り返します。＞

(2)

Ryo:　　Excuse me, how much is the hamburger?

Clerk:　It's three dollars.

Ryo:　　OK. I want four hamburgers.　5秒後　＜繰り返します。＞

(3)

Beth:　Who is the man in the picture, Nick?

Nick:　This is my father. He is a bus driver. How about your father, Beth?

Beth:　My father is a dentist.　5秒後　＜繰り返します。＞

(4)

Katie:　What do you have in your town, Alex?

Alex:　We have a big library in our town. How about your town, Katie?

Katie:　We don't have a big library in our town. We have a big hospital.
　　　　5秒後　＜繰り返します。＞

※全て5秒後停止

3 これから、Dan(ダン)が自分の将来の夢についてスピーチをします。後に流れる問い
の答えとして最も適切なものをア〜エの中から1つずつ選び，記号で答えなさい。ま
ず，スピーチを1回放送し，その後でその内容について(1)〜(4)の質問を1回放送します。
紹介文と質問はもう一度繰り返し放送します。よく聞いて答えなさい。

Hello, everyone. I am Dan. Today, I want to talk about my dream. I want to be a vet. I have a cat and two dogs. My cat's name is Kiki. She is very cute. She can jump high. My dog's names are Taro and Jiro. Taro is a big dog. Jiro is a small dog. Taro can run very fast. Jiro can catch a ball very well. We play catch in the park every morning. I like animals very much. I want to take care of animals. So, I want to be an animal doctor. Thank you for listening.

5秒後停止

(1) What is Dan's dream?
＜5秒後＞(2) What is Dan's cat's name?
＜5秒後＞(3) What can Taro do?
＜5秒後＞(4) Where do Dan and Jiro play catch?

＜もう一度紹介文と質問を繰り返します。＞

これで、リスニングの問題を終わります。

問題用紙

注意

一　指示があるまで、この問題用紙を開いてはいけません。

二　作文の「問題用紙」には表紙に続き、「問題」があります。「解答用紙」は別に一枚あります。

三　「始め」の指示で、中を開いて、「解答用紙」に受験番号を書きなさい。その後、「問題」に取り組みなさい。試験の時間は四十分です。

問題

次の文章を読んだうえで、あなたはこれから大人になっていくとき、どのような生き方をしたいと思いますか。次の条件にしたがって、作文しなさい。

【条件】
① 本文の内容をふまえて書くこと。
② 自分の体験を具体例としてあげながら書くこと。
③ 字数は四百字以上五百字以内、構成は三段落、または四段落にすること。
④ 題名、名前は書かずに、一行目から書き始めること。
⑤ 原稿用紙の正しい使い方に従い、文字やかなづかいも正しく書くこと。

　昔、何もできない魔法使いがいた。偉い魔法使いたちから見れば、取るに足らない存在だった。

　あるところに病気の子どもがいた。偉い魔法使いは、書斎にこもって治療法の書かれた本を探した。別の偉い魔法使いは大鍋を用意して、ぶつぶつ呪文を唱えながらいろいろな薬を調合した。

　何もできない魔法使いは、何もできなかったので、じっと子どものそばにいた。苦しむ子どもの手を握り、いっしょに汗を流した。

　やがて治った子どもを見て、偉い魔法使いたちは、自分の術がきいたのだとけんかを始めた。子どもは自分の手を握ってくれた人を探したけれど、何もできなかった魔法使いは、自分を恥じてもう姿を消していた。

　あるところに憎しみに心を囚われた人がいた。偉い魔法使いは弟子たちに命じて、すべてを忘れるという言い伝えのある魔法の木の実を見つけさせた。別の偉い魔法使いは、相手に憎しみをぶつける呪いの方法を考え出した。

　何もできない魔法使いは、何もできなかったので、じっとその人のそばにいた。憎しみの心の底にある心の傷を聞いて、いっしょに涙を流した。

　やがてほほえみの戻ったその人を見て、偉い魔法使いたちは、自分の術がきいたのだとけんかを始めた。その人はいっしょに泣いてくれた人を探したけれど、何もできなかった魔法使いは、自分を恥じてもう姿を消していた。

　あるところに日照りにあえぐ村があった。偉い魔法使いは、立派な服を着て雨降らしの儀式を始めた。別の魔法使いは、たたりのせいで雨が降らないのだと言って、いろいろなものの供養を始めた。

　何もできない魔法使いは、何もできなかったので、じっと人々のそばにいた。いつかきっと雨が

受験番号

※

（名前は記入しないこと）　　　（※の欄には記入しないこと）

※

(1)

(2)

(3)

受験番号

（名前は記入しないこと）

※

（※の欄には記入しないこと）

問2

(1)	a	b	(2)	(3)	※
(4)	①	②			

問1

(1)	L	(2)	倍	(3)	円	※
(4)						
(5)	① cm	② cm				

3 問2

(1)	① ➡ ⇨	② L	※
	③ ④		
	⑤ A 理由		
(2)			
(3)	①		
	② T 万個 G 万個 C 万個		

5	(1)		(2)		(3)		(4)		

1点×4

6	(1)	.
	(2)	.
	(3)	?
	(4)	.

※
2点×4

7	(1)	①	a		b		c		d	
		②								
	(2)		ドル							

※
2点×4

※
2点

※
2点

令和三年度　聖ウルスラ学院英智小・中学校　中学校課程

前期入学選抜考査　作文　解答用紙

100

20

受験番号

（名前は記入しないこと）

※30点満点

※

（※の欄は記入しないこと）

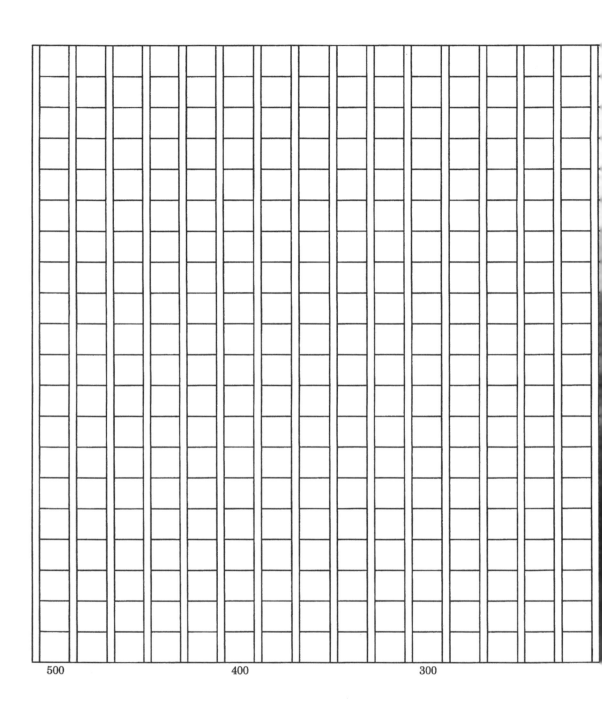

500　　　　　　　　　　　　400　　　　　　　　　　　300

令和3年度 聖ウルスラ学院英智小・中学校 中学校課程
前期入学選抜考査 英語 解答用紙 ※50点満点

受験番号	※

（※名前は記入しないこと）　　（※の欄には記入しないこと）

1	(1)		(2)		(3)		(4)		

※ 1点×4

2	(1)	時　　　分	(2)	ドル
	(3)		(4)	

※ 2点×4

3	(1)		(2)		(3)		(4)		

※ 2点×4

4	(1)	
	(2)	

【解答

		(1)		(2)		(3)		※
	問1	(4)						
1	問2	(1)		(2)		(3)	個	※
		(4)	円	(5)	km	(6)	m	
		(7)	点					
	問3							※

		(1)	輪切り / たてに切ったもの	(2)				※
2	問1	(3)	穴の名称 / はたらき			(7)		
		(4)	cm³	(5)				
		(6)						

白色の部分　緑色の部分

1 ※

問1	(1)		(2)		(3)		(4)		
問2	(1)		(2)						
問3	(1)		(2)		(3)				
問4	(1)		(2)		(3)				
問5	(1)		(2)		(3)				
問6	(1)		(2)				(3)		

2 ※

問1	(1)		(2)						
	(3)		(4)		(5)				
	(6)		(7)						
問2	(1)		(2)		(3)				
	(4)	→ → →	(5)						
	(6)								
問3	(1)		(2)	① ② ③ ④					
	(3)		(4)						
	(5)	① 県 ② 県 ③ 県							

【解答用

降るから、と言いつづけた。

やがて降った雨を見て、偉い魔法使いたちは、自分の術がきいたのだとけんかを始めた。村人は自分たちを励ましてくれた人を探したけれど、何もできなかった魔法使いは、自分を恥じてもう姿を消していた。

魔法の力で敵を滅ぼして、大きな国を造った魔法使いもいた。だが、魔法使いが死ぬと国はばらばらになって、魔法使いのことも忘れられた。

魔法の力で不思議に満ちた、大きな城を築いた魔法使いもいた。だが、魔法使いが死ぬと魔法も失われ、城が何のためにあったのかさえ忘れ去られた。

何もできない魔法使いは何もしなかった。だが、何もできない魔法使いが死んでからも、その名を呼べば彼が必ずそばにきてくれるのを、人々は知っていた。昔と同じく何もできないまま、けれどその人が立ち上がれるまで、決してそばを離れないのだった。

偉い魔法使いも、何もできない魔法使いも、時の流れの前にちりとなって消えた。だがほかのすべてが失われた後で、何もできない魔法使いの名だけは、詩になり歌になり、語り継がれて決して忘れられることはなかった。

（「何もできない魔法使い」『風の交響楽（シンフォニー）』光原百合　による）

★教英出版編集部注
問題音声は教英出版ウェブサイトで。
リスニングID番号は解答集の表紙を
参照。

令和３年度　聖ウルスラ学院英智小・中学校　前期入学選抜考査、英語　リスニングテスト
これから、リスニングテストを始めます。リスニングテストは１番から３番です。
問題用紙の「リスニング」と書いてあるページを開いてください。
必要があれば、問題用紙の空欄にメモを取っても構いません。
では、１番から始めます。

1　これから，John（ジョン）が自分の行きたい国について説明をします。よく聞いて，
（１）〜（４）の内容が，スピーチの内容と合っていれば〇，合っていなければ×を
書きなさい。放送は２回流れます。

Hi! I'm John. I'm from Australia. I live in Japan. I want to go to America. I think America is a very big country. I like the American flag. It is so cool. The Flag colors are red, white and blue. In America, I want to see the Statue of Liberty. I think it's amazing. I want to eat big hamburgers, too. I think they are delicious. 5秒後 停止

＜　繰り返します。　＞

【放送原稿

6 (1)～(4)の日本文に合う英文になるように,【 　　　　　　】内の語をならべかえ, 正しい英文をつくりなさい。文頭の文字は大文字に書きかえなさい。

例　こちらはクミさんです。
　　〔 Kumi / this / is 〕.　→　This is Kumi.

(1)　わたしはとてもお腹が空いています。
　　〔 hungry / am / I / very 〕.

(2)　わたしの父は警察官です。
　　〔 father / a / my / is / officer / police 〕.

(3)　あなたは学校が好きですか。
　　〔 school / like / do / you 〕?

(4)　わたしたちの町には公園があります。
　　〔 have / our / in / a / park / we / town 〕.

7 Rumiko（ルミコ）は，カナダに住んでいる祖父母の家に遊びに来ています。明日はおじいさんの誕生日です。Rumiko は，おじいさんの大好きなカレーとサラダを作るために，近所の食料品店におつかいに行くことになりました。

(1) Rumiko が，カレーとサラダを作るための材料を，おばあさんに聞いています。2人の会話を読んで，Rumiko の買い物メモを完成させなさい。

Rumiko :   Grandma, what do you want for the curry and rice?
Grandma : I want 3 potatoes, 4 tomatoes, 3 carrots and 6 shrimps.
Rumiko :   Ok. What do you want for the salad?
Grandma : I want 2 potatoes, 3 tomatoes, 3 cucumbers and an apple.
Rumiko :   Ok.

```
買い物メモ
・じゃがいも        5        個
・トマト          （ a ）    個
・にんじん        （ b ）    本
・えび           （ c ）    尾
・きゅうり        （ d ）    本
・（ あ ）         1        個
```

① （ a ）～（ d ）には，それぞれ数字が入ります。正しい数字を書きなさい。

② （ あ ）に入るくだものの名前を，日本語で書きなさい。

(2) 次の表は，Rumiko がおつかいに行く予定の食料品店，U-Mart（ユーマート）のチラシです。このチラシを読んで，Rumiko が買い物メモの中にあるものを全て購入するために必要な金額を答えなさい。

U-Mart Special Price					
＜vegetables＞		＜fruits＞		＜seafood＞	
1 potato	$ 1.00	1 mango	$ 1.10	1 fish	$ 3.50
1 tomato	$ 3.00	1 apple	$ 1.00	1 shrimp	$ 3.00
1 carrot	$ 2.00	1 orange	$ 0.50	1 oyster	$ 0.75
1 cucumber	$ 1.00	1 watermelon	$ 2.50		

※ $ 2.50 は「2 ドル 50 セント」という意味です。ドルとセントは，カナダなどの通貨の単位です。

問題はこれで終わりです。